CW00486300

Céline Spreux

LA MAISON DE L'HYPNOSE
Au cœur de l'hypnose ericksonienne

Collection dirigée par Yan Vervliet

ISBN : 978-2-9589813-0-3
©Le Rêve Lucide Éditions, octobre 2023
Logos et illustrations : Sophie Ladoux

www.revelucideditions.com

Le Code de la propriété intellectuelle n'autorisant, aux termes des alinéas 2 et 3 de l'article L.122-5, d'une part, que les "copies ou reproductions strictement réservées à l'usage privé du copiste et non destinées à une utilisation collective" et, d'autre part, que les analyses et les courtes citations dans un but d'exemple et d'illustration, "toute représentation ou reproduction intégrale, ou partielle, faite sans le consentement de l'auteur ou de ses ayants droit ou ayants cause, est illicite" (alinéa 1er de l'article L. 122-4). Cette représentation ou reproduction, par quelque procédé que ce soit, constituerait donc une contrefaçon sanctionnée par les articles 425 et suivants du Code pénal et par les articles L.335-2 et suivants du Code de la propriété intellectuelle.

PRÉFACE

Tout au long de ces 73 années qui ont constitué mon existence et d'aussi loin que je m'en souvienne, notre maison familiale de Phoenix, capitale du très désertique État d'Arizona (États-Unis) a été l'objet d'un pèlerinage permanent de visiteurs. Mon père, Milton Erickson, a consacré sa vie à mettre l'hypnose entre les mains de ceux qui voulaient l'étudier d'un point de vue scientifique. Ce faisant, il a cherché à donner de la respectabilité à cet outil puissant, permettant à l'hypnose clinique de gagner sa place entre les mains des professionnels de santé.

Ce pèlerinage, qui n'a jamais cessé et qui ne laissait pas de nous interloquer a attiré un flot considérable de visiteurs. Parmi ce flux incessant, les visiteurs qui avaient pris rendez-vous alternaient avec ceux qui survenaient de manière inopinée sans même s'être annoncés, et les simples curieux côtoyaient des personnes parfois désespérées ou en recherche de guérison. À nos visiteurs venant des quatre coins des États-Unis, s'adjoignait une multitude impressionnante d'étrangers qui avaient parcouru des distances incroyables par-delà les océans. On pouvait aussi bien y croiser ceux qui étaient en quête d'illumination que ceux préférant appliquer une pensée analytique critique.

La plupart d'entre eux espéraient vivre une expérience hypnotique, et beaucoup voulaient apprendre à utiliser l'hypnose pour faire avancer leurs propres projets. Souvent, les étrangers expliquaient leur présence en expliquant qu'ils étaient des «disciples», une désignation dont mon père se moquait en disant qu'elle «ne se traduisait pas ou ne s'interprétait pas aisément". C'est un terme qui est aujourd'hui malgré ses connotations évidentes largement accepté en dehors des pays anglophones*. D'où qu'ils viennent et quels que soient leurs motifs, la famille Erickson considère ses interlocuteurs comme des collègues ou d'étudiants et accueille les visiteurs avec chaleur et amitié…

À la surprise de notre famille, les pèlerinages se sont poursuivis même après la mort d'Erickson en 1980. Certaines années, les visiteurs étaient moins nombreux, tandis qu'à d'autres moments, ils affluaient en nombre plus conséquent, mais l'intérêt a toujours persisté tout au long d'un demi-siècle depuis la mort de Milton Erickson. Tant d'attrait et de curiosité nous laissent perplexes, mes frères, mes sœurs et moi, mais nous aimons participer à l'échange d'idées que les visiteurs nous proposent.

---

* Note De l'Éditeur : Le terme « disciple » en anglais a généralement une connotation liée à la foi, à la religion, et peut souvent impliquer une adhésion forte aux enseignements ou à la philosophie d'une personne jusqu'à évoquer une sorte d'identification ou de fidélité qui va au-delà d'une simple relation d'enseignant à étudiant. Dans de nombreuses langues, y compris le français, le mot «disciple» peut avoir une signification nettement moins chargée, se référant simplement à un étudiant d'une « discipline » ou d'un enseignant particulier sans les connotations religieuses ou de dévotion. On reconnaît encore une fois l'érudition linguistique et ce goût de la subtilité et de la nuance remarquable du « Père » de l'hypnose moderne…

Il n'y a pas très longtemps de cela, Céline nous a rendu visite et nous a demandé la permission d'écrire sous la forme d'un récit non-romanesque le compte-rendu de sa visite. Un peu méfiants, nous avons accepté sa proposition et elle a pris le relais. Je suis enchantée par les détails et la précision avec lesquels elle décrit ses rencontres. Ce qui me fascine le plus, c'est l'habileté avec laquelle elle a entremêlé les voix : on semble entendre tour à tour aussi bien Milton Erickson que mon frère et moi-même, ainsi que le propre dialogue interne inconscient de Céline. Tissant d'une manière magistrale ce qui ne semblait n'être au départ qu'un banal compte-rendu de visite, elle s'en empare pour tisser la trame d'un véritable voyage partagé. La visite de la maison est une expérience qui emmène les lecteurs à travers l'espace et le temps, à travers soi et les autres, à travers l'histoire de la quête initiée il y a longtemps déjà, pour comprendre plus profondément le processus hypnotique.

Il y a plusieurs décennies, l'hypnose était décrite comme une réponse à la suggestion, mais Erickson a révolutionné cette compréhension. Aujourd'hui, l'hypnose est appréciée comme un ensemble de compétences qui servent à susciter des ressources internes chez le sujet. En effet, l'autrice Céline Spreux a démontré sa capacité à manier le verbe, à la fois en français et en anglais, pour transporter les lecteurs dans leur propre expérience auto-hypnotique. C'est avec un sentiment de gratitude pour l'intérêt de tant de personnes que je me joins à Céline pour vous accueillir dans *La Maison de l'Hypnose.*

Roxanna Erickson Klein, PHD, est la fille d'Elizabeth et Milton Erickson. En sa qualité de clinicienne et professionnelle de la santé, Roxanna a dédié sa carrière à l'aide psychosociale, en assumant les fonctions d'infirmière et en tant que spécialiste du traitement des douleurs et des dépendances chimiques. Son engagement envers l'hypnose l'a menée à siéger au bureau directeur de la Fondation Milton H. Erickson. Elle dirige également le musée dédié à Milton Erickson à Phoenix. Roxanna est également l'autrice de plusieurs articles, livres et préfaces consacrés à l'hypnose et à la thérapie. Elle a également participé à l'édition des 16 volumes des «Collected Works of Milton H. Erickson».

TABLE DES MATIÈRES

À ces idées qui surgissent de l'inconscient.

À mon mari, partenaire de voyage prêt à m'accompagner dans toutes ces idées.

Maintenant, vous pouvez lire sans lire. Autoriser vos yeux à parcourir les mots sans que votre esprit ait besoin de traduire ces paroles en langage conscient.

FRONT DOOR[1] :
1201 E. HAYWARD AV, PHOENIX, AZ 85020

Le soleil se couche sur le 1201 E. Hayward Avenue. Phoenix, Arizona, United States of America. Le ciel, bien que nuageux, reste clair. Dans la rue, les lampadaires se sont allumés pour pallier la baisse de luminosité. Les trucks et autres Mustangs sont garés devant les habitations. Une atmosphère paisible règne sur le quartier. Un fond d'air encore tiède en ce mois de mars, agréable, vous enveloppe. Debout sur le trottoir, vous apercevez une maison de plain-pied à la devanture vert-pastel qui se dresse au fond de l'allée. Laissez-moi vous accompagner jusqu'à la porte. À travers les fenêtres, on distingue un salon comme on peut en voir partout. Probablement qu'on peut trouver ici les mêmes autres pièces qui composent un habitat tout à fait classique. Et pourtant... Ici, on entre chez une famille pas comme les autres. Je vous invite à découvrir comment. Laissez-vous guider par mes mots. Au travers d'une visite où vont se confondre les espaces, les époques, le conscient, l'inconscient. Dans un temps qui mêle le présent et le passé. Comme si tout se mêlait en une histoire. L'Histoire. Celle de l'hypnose. Celle d'un grand homme. D'un grand psychiatre. D'un chercheur et praticien en hypnose qui a révolutionné cette pratique. Mais aussi, la petite histoire. Celle d'un homme qui a grandi, évolué avec des idées, des principes, des valeurs. Celle d'un père. Et de sa famille. Voyez, le rideau a bougé derrière la fenêtre. La porte s'ouvre...

---

1 Pas de la porte

LE SALON D'ENTRÉE :
BIENVENUE CHEZ LES ERICKSON

Entrez. Entrez dans l'intimité d'une famille pas comme les autres. Dans l'intimité de Milton H. Erickson. Docteur. Milton. Papa. Vous vous trouvez ici dans le salon de l'entrée. Installez-vous sur ce canapé cosy. Sentez comment vous vous enfoncez confortablement dans votre assise. Ce même canapé où Milton H. Erickson s'est installé avant vous. Prenez le temps d'observer la décoration, les objets qui vous entourent. Le tic-tac de l'horloge derrière vous rythme le temps qui s'écoule. Portez votre attention sur ce son. Tic-tac. Tic-tac. D'abord envahissant. Puis, plus discret. Les aiguilles semblent ralentir. Tic… Tac… Tic…Tac. Vous pouvez presque entendre le silence entre chaque mouvement des aiguilles.

HYPNOSE PRÉ-ERICKSONIENNE

Et c'est comme si ce mouvement des aiguilles, leur son, pouvait vous ramener ailleurs, plus loin. Comme si les aiguilles pouvaient s'inverser pour remonter l'heure. Le jour. Les semaines. Mois. Années. Siècles… Jusque bien plus loin.

***

Jusqu'à -4000 ans av. J.-C. où l'on trouva les premières traces d'hypnose. Chez les guérisseurs chamaniques, les Sumériens, les Grecs ou encore les Égyptiens. Mais l'histoire de l'hypnose démarra surtout avec la figure de Franz Anton Mesmer, et le magnétisme animal au XVIIIᵉ siècle. Mesmer postulait l'existence d'un fluide magnétique universel qu'il travailla à utiliser ce fluide dans la thérapie. Il mettait alors ses patients en transe et effectuait des passes pour permettre au fluide d'agir. Un temps à la mode, le mesmérisme a ensuite été condamné par la Faculté de Médecine en France. Pourtant, cela n'a pas empêché d'autres après lui de poursuivre les recherches sur cette discipline.

Le marquis de Puységur, qui démontra l'importance du contact verbal avec le « magnétisé ». Ou encore, l'abbé Faria qui parlait de sommeil lucide, et qui a commencé à utiliser la suggestion. Ils ont notamment participé à la continuité du magnétisme au XVIIIᵉ siècle.

Le terme hypnose a été employé en premier par James Braid, médecin écossais, au début du XIXᵉ siècle. Il cherchait alors à se différencier du magnétisme. Il a également développé une nouvelle méthode d'induction par fixation visuelle d'objets. Regarder un objet. Regarder vraiment un objet. Le fixer. Le fixer encore. Se laisser absorber par sa forme, sa taille, sa couleur. De telle sorte qu'à un moment, plus rien d'autre ne semble exister autour que cet objet.

Fin du XIXᵉ et début du XXᵉ siècle connurent également de grandes avancées sur le terrain de l'hypnose. Deux écoles s'affrontèrent. D'un côté, à Paris, l'école de La Salpêtrière emmenée par une grande figure de la neurologie, Jean-Martin Charcot. Persuadé que l'hypnose ne constituait qu'un symptôme de l'hystérie, il animait des séances, en présence de collègues, qui avaient pour but de démontrer, par le biais de jeunes femmes hystériques, ses théories. À travers ses leçons, l'hypnose devint un objet scientifique et respectable.

Plus à l'est de la France, Ambroise-Auguste Liébeault, médecin, utilisait le magnétisme avec ses patients. D'abord considéré comme un marginal, il fonda plus tard l'école de Nancy avec son collègue, Hippolyte Bernheim. Contrairement à Charcot, les deux médecins développèrent une théorie qui postulait que l'hypnose résultait de la suggestion. Tout le monde est hypnotisable et pas uniquement les hystériques. Et l'attention ne représente que la clé qui ouvre la porte. Pour eux, tout passe par la parole. La suggestion permet de créer des phénomènes hypnotiques, ensuite utilisés pour la thérapie. Plus tard, les avancées de l'hypnose donneront raison à l'école de Nancy.

Non loin de là en Europe, un jeune étudiant en neurologie du nom de Sigmund Freud rêvait d'assister aux démonstrations d'un scientifique qu'il admirait, le grand Charcot. Son rêve se réalisa quand il obtint une bourse pour se rendre à Paris. Il passa quelques mois auprès de son maître où il découvrit que le patient pouvait se mettre au service de la science. Les yeux constellés d'étoiles, il retourna à Vienne, décidé à devenir lui aussi une grande figure de cette discipline. Quelque temps plus tard, il se rendit à Nancy pour étudier leur manière d'hypnotiser les patients. Bien que persuadé que Charcot avait raison, son avis sur les théories de Liébeault et Bernheim s'en trouva adouci. Il utilisa ensuite l'hypnose pendant un temps avant d'y renoncer, faute de résultats convaincants. Pourtant, l'hypnose lui aura finalement servi, puisqu'elle se trouvera à la base de sa méthode cathartique, la psychanalyse. Notamment grâce à un outil, l'association libre, qui se réalise dans un état de transe légère. « Allongez-vous et laissez vos pensées s'écouler sans chercher à les contrôler. Songez à votre rêve de cette nuit. Et parlez-moi. Cette araignée qui surgit d'un trou noir, à quoi vous fait-elle penser ? ».

Après cette période faste pour l'hypnose, elle tomba dans l'oubli. Quelques chercheurs tentèrent de développer de nouvelles théories autour de cette discipline. Ivan Petrovitch Pavlov avec son conditionnement lui permit de rester dans le domaine scientifique. Émile Coué, avec sa méthode d'autosuggestion, confirma le pouvoir de la suggestion sur l'esprit humain. Pierre Janet, médecin et psychologue, travailla sur les phénomènes d'amnésie et de suggestion post-hypnotique. Jusqu'à l'arrivée de Milton Erickson qui va lui permettre de sortir de l'obscurité pour renaître.

En résumé : Les grandes figures de l'hypnose

– **Franz-Anton Mesmer :** théorie du magnétisme animal qui postule l'existence d'un fluide magnétique, 1778

– **Le Marquis de Puységur :** théorie du somnambulisme provoqué, il a permis de comprendre l'importance du contact entre le sujet et l'hypnotiseur plutôt qu'au travers d'un fluide magnétique, 1787

– **L'abbé Faria :** démontre l'importance du regard et du langage. Il utilise le fameux « Dormez, je le veux » et théorise les suggestions post-hypnotiques, 1787

– **Le docteur James Braid :** emploie pour la première fois le terme hypnose pour le différencier du magnétisme. Il met au point une induction par fixation d'un objet, 1843

– **Jean-Martin Charcot** et le courant de l'école de la Salpêtrière considèrent l'hypnose comme un symptôme de l'hystérie. Si ce postulat est erroné, il permet tout de même de donner une crédibilité scientifique à l'hypnose, 1880

– **Les docteurs Liébeault et Bernheim :** face à Charcot, l'école de Nancy. Bernheim énonce l'hypothèse que l'hypnose résulte de la suggestion et apporte une description des phénomènes hypnotiques créés par la suggestion, 1880

– **Le neurologue Sigmund Freud** utilise l'hypnose, avant d'y renoncer car non satisfait des résultats obtenus. Il développe le concept d'inconscient, ainsi que celui de catharsis. L'hypnose est à la base de la psychanalyse qui utilise un état de transe légère avec la technique de l'association libre, 1883-1905.

***

Un son. Il est 14 h et l'horloge sonne une seconde fois. Vous ramenant à elle. Au salon. Votre attention se détourne pour naviguer dans l'espace. Les photos. Les lattes du mur. Les livres. Les sculptures. Le choix ne manque pas. Jusqu'à un moment où vous réalisez que deux personnes sont assises face à vous. Un homme et une femme. Vos guides pour cette visite dans le temps. Hors du temps.

Ils sont deux des huit enfants de Milton H. Erickson.

2017. Photo de Roxanna Erickson-Klein à son bureau de Dallas
(fournie par Roxanna Erickson-Klein)

Roxanna, 74 ans, vit à Dallas avec son mari et ses enfants. Elle a débuté sa carrière en tant qu'infirmière avant de se former plus tard à l'accompagnement. Formée depuis son enfance à l'hypnose, elle s'est spécialisée dans la gestion de la douleur et des addictions en cabinet où elle accompagne les patients avec l'outil hypnose. Elle enseigne cette discipline à travers le monde.

Robert, 78 ans, est professeur à la retraite. Il a exercé pendant trente-six ans dans un lycée. Il vit à Phoenix avec sa femme, à quelques pas de la maison familiale transformée en musée et dont il gère les visites.

―

1977. Phoenix, Arizona. 1201 E. Hayward. Milton Erickson dans le salon avec sa collection de sculptures de bois de fer. Photo d'Alan Bergman. Cette photo apparaît sur la couverture du livre Wizard of the Desert. (Photo fournie par Roxanna Erickson-Klein)

―

Si vous regardez autour de vous, vous pouvez observer de nombreux objets. Les sculptures en bois de fer appartenaient à Milton Erickson. Tout au long de sa vie, il s'y est intéressé. Il possédait la plus grande collection du monde. Ces pièces ont toutes été réalisées par des Amérindiens du peuple des Seri qui vivent dans le désert du Sonora[2]. C'est Jim Hills, un anthropologue, qui les découvrit tandis qu'il passait du temps avec la tribu. Il rapporta de nombreuses œuvres d'artistes pour les vendre au Heard Museum[3]. Erickson acheta nombre de ces pièces. Ces sculptures représentent des animaux de leur région, aquatiques ou terrestres.

Le bois de fer est si dense qu'il ne peut pas flotter. Il doit sécher de nombreuses années avant de pouvoir être sculpté, puis poli. Le docteur aimait en offrir à des collègues, des étudiants ou même des patients. Il les utilisait aussi comme outils pédagogiques.

---

2 Situé en Basse-Californie et au nord du Mexique
3 Musée situé à Phoenix et consacré aux cultures nord-amérindiennes

Dans sa jeunesse, il s'est également essayé à la sculpture du bois. Ici, avec une lampe par exemple[4].

Elizabeth collectionnait aussi des objets amérindiens, plutôt d'origine Navajo. Des couvertures, comme celle posée sur le sofa ou accrochée au mur, des poteries, des bijoux, ou encore des poupées Kachina[5].

Les patients aimaient offrir des cadeaux, objets ou œuvres d'art au couple Erickson. Dans la maison, on peut en trouver dans chacune des pièces.

***

Cette histoire vous conduira à travers la maison de l'hypnose au travers de plusieurs voix, Robert, Roxanna, la mienne et les voix intérieures qui s'expriment en vous.

Robert se souvient d'une histoire racontée par sa mère, Elizabeth Erickson :

Paul, un patient du docteur arriva en avance pour sa consultation. Il s'installa dans un fauteuil dans la salle d'attente où il avait été conduit. Sa mère, qui se trouvait dans la pièce, lui proposa un verre d'eau, qu'il déclina avant d'engager la conversation avec elle.

Paul : «Votre maison est charmante. Puis-je me permettre de vous poser des questions à ce sujet?"

Elizabeth : "Bien sûr,"

Paul : "Quels sont sa surface et son nombre de pièces?"

---

4 Photo présentée par Robert Erickson lors de ma visite au musée (décembre, 2022)
5 Poupées de bois peintes avec de vives couleurs qui représentent des esprits dans la mythologie Hopis (tribu amérindienne d'Arizona).

Elizabeth : "Environ 140 mètres carrés. Elle est composée du salon dans lequel nous nous tenons, de quatre chambres dont l'une sert de bureau à Milton, et bien entendu de la cuisine et de la salle à manger."

Paul : "Oui, il m'a semblé en arrivant que vous aviez une bien grande maison. Mais je suppose que c'est plus pratique pour une famille nombreuse ?"

Elizabeth : "C'est vrai. Nous avons huit enfants. Les trois plus grands enfants sont nés du précédent mariage de Milton. Nous avons élevé tous les enfants ensemble comme une seule famille, bien que certains soient maintenant adultes et ne vivent plus ici." »

Elle se leva et sortit de la pièce, avant de revenir avec un album sous le bras.

Elle s'assit à côté de lui et lui montra des photos de la famille. Il se montrait très intéressé par le sujet et posa beaucoup de questions avant d'être interrompu par la sonnerie du téléphone violet qui annonçait le début de sa consultation. Il remercia Elizabeth pour cette charmante conversation. Puis, elle l'emmena jusqu'à la porte du bureau du docteur.

Quelques semaines plus tard, Paul revint avec un cadeau personnalisé, que vous pouvez observer sur le mur, au-dessus du canapé. Un portrait de famille plutôt original.

À gauche, les masques faciaux représentent les hommes de la famille. Dans l'ordre, de haut en bas, Milton Erickson, puis les garçons du plus âgé au plus jeune : Bert, Lance, Allan, et Robert.

À droite, selon le même ordre, Elizabeth Erickson, puis les sœurs, Carol, Betty Alice, Roxanna, Kristina.

J'entends l'écho de leurs voix durant leurs longues conversations d'autrefois…

***

Robert poursuit la visite de la maison : «De l'autre côté du salon, vous apercevez une première bibliothèque.»

Robert : «Nous avons toujours baigné dans un océan de livres et dans la maison on retrouve des livres partout. Ma femme et moi vivons près d'ici et nous avons l'habitude de venir régulièrement. Un jour, ma mère me montra un livre et m'expliqua qu'elle venait de le recevoir.

Elizabeth : "Regarde ce que je viens de recevoir de notre éditeur à New York, Bobby. Je suis très ennuyée. Je n'arrive pas à traduire la langue, ni même à la reconnaître."

Robert saisit le livre. Tourne les pages. Fronce les sourcils. Avant de conclure : "Je ne saurai pas te dire, maman. Mais je peux l'apporter au département langues étrangères de l'Université si tu veux ?"

Elle hocha la tête. Robert se rendit là-bas et demanda de l'aide à un professeur sur place. Quelques jours plus tard, il revint chez ses parents, le livre sous le bras.

Robert : "Il est écrit en suédois. C'est un livre de papa," expliqua-t-il au grand étonnement de la famille.»

Robert sourit, avant d'ajouter après un temps de réflexion : «Mes parents se souvinrent qu'ils avaient donné leur consentement verbal pour cette traduction.»

Et si vous observez minutieusement la photo à gauche, vous pourrez apercevoir quatre volumes en français. Petit indice, leur couverture est de couleur violette. Il s'agit des quatre tomes des *Collected papers*, ouvrages compilant les articles écrit par Milton Erickson et traduit en français sous le titre *Milton H. Erickson : L'intégrale des articles de M.H Erickson sur l'hypnose*[6].

Ci-dessous, vous pouvez voir quelques exemples d'ouvrages traduits.

---

6 Ouvrages compilant les articles écrits par Milton Erickson et traduits en français sous le titre Milton H. Erickson, L'intégrale des articles de M.H Erickson sur l'hypnose

32 WEST CYPRESS,
ANNÉES 50

Sketch: 32 West Cypress
Artist: Olive S Trolt
Date: 1951

1951. 32 West Cypress, Phoenix, Arizona. Artiste : Olive S. Trolt (Dessin fourni par Roxanna Erickson-Klein).

La famille Erickson quitta le Michigan pour s'installer à Phoenix en 1948, déménageant plusieurs fois avant de s'installer dans la résidence de *Cypress Street*. Pour la première fois, Erickson disposa d'un bureau chez lui.

Après l'obtention de sa licence en 1924, puis de son diplôme de médecine en 1928 à l'université du Wisconsin, Erickson travailla comme interne en psychiatrie dans le Colorado. Il poursuivit ses études professionnelles et occupa des postes dans le Rhode Island, puis à Worcester (Massachusetts). Alors qu'il venait de se séparer de sa femme après dix ans d'union, il décrocha un poste à l'hôpital psychiatrique d'Eloise dans le Michigan. Il obtint la garde exclusive de ses trois enfants, Bert, Lance et Carol.

En tant que nouveau directeur de la recherche et de la formation psychiatriques à l'hôpital du comté de Wayne à Eloise (Michigan), qui était à l'époque le plus grand hôpital psychiatrique et la plus grande ferme pour pauvres du pays, Erickson vivait sur le terrain avec sa jeune famille. Il entreprit de nombreuses études sur l'hypnose, notamment sur la surdité hypnotique. L'hôpital, situé à l'extérieur de Détroit, était immense. 900 acres. Quelque 75 bâtiments. Erickson et sa famille y vécurent de 1938 à 1948. L'hôpital possédait sa propre conserverie, sa boucherie, son potager, son élevage de bétail et sa laiterie. Une ville dans la ville, comptant 25 000 à 50 000 habitants. Lors d'une réunion scientifique, il rencontra Elizabeth Moore, une étudiante en psychologie. Elle travailla pour lui en tant qu'assistante de recherche l'été suivant et ils découvrirent qu'ils partageaient une passion commune, non seulement pour la recherche professionnelle, mais aussi pour fonder une famille. Après l'obtention de son diplôme, ils se marièrent en cachette.

***

Robert raconte l'un des quelques souvenirs qui lui restent de cette période qui court de sa naissance à ses quatre ans.

« Un jour, alors que j'étais sorti pour jouer dans la neige avec mon plus grand frère, il m'abandonna dehors, me laissant seul sur un terrain qui s'étendait sur 900 acres où coulait un ruisseau. Je mis longtemps avant de retrouver mon chemin, perdu dans cette immense étendue de neige. Cet épisode m'a laissé une forte impression concernant le fait de trouver ma voie et de me faire confiance pour y parvenir. »

Dans les années 1970-1980, les hôpitaux fermèrent progressivement dans le pays. Et Eloise n'échappa pas à ce destin. Un habitant de Détroit confia à Robert Erickson qu'il n'en restait que le cimetière. Dans ce lieu se trouvent encore les petites dalles de ciment qui remplacent les pierres tombales, trop coûteuses, des patients qui n'étaient pas réclamés par leurs familles. On peut lire sur celles-ci une lettre et un chiffre qui correspondaient au rang et au numéro de place dans le cimetière. Par exemple, J 27 signifie rang J, place 27.

***

Après dix ans passés dans cet hôpital, Erickson souffrit de problèmes de santé et la famille déménagea en Arizona pour son climat sec.

Il fut embauché à l'hôpital d'État de l'Arizona, à Phoenix, où il occupa le poste de directeur clinique et de surintendant adjoint par intérim.

Après neuf mois, et en raison de bouleversements politiques à l'hôpital, la famille déménagea à nouveau pour s'installer dans une résidence privée, puis un an plus tard, au *32 West Cypress*. Milton H. Erickson choisit cette maison notamment pour sa situation géographique, proche de *Central Avenue*, une artère qui divisait la ville d'est en ouest. Il était important pour lui que les patients trouvent facilement la maison. Les patients venaient en train, en voiture ou en bus. La maison était facilement localisable, à vingt-deux pâtés de maisons au nord du centre-ville.

***

La maison se trouvait dans le centre-ville de Phoenix, plus exactement à l'angle *2200 de North Central*, quatrième maison à partir du coin. La carte ci-dessous montre le quartier où se trouvait la maison dans laquelle la famille a passé plus de vingt ans. Elle est indiquée par le post-it bleu. Aujourd'hui, elle n'existe plus. Un parking l'a remplacée. Mais la Fondation Erickson, basée à Phoenix et dirigée par Jeffrey Zeig, a récupéré les briques de la maison construite vers 1925 et démolie par la suite.

***

Une fois la famille installée, Erickson décida d'utiliser l'une des chambres comme un bureau. Le salon faisait office de salle d'attente pour les patients. À côté du bureau se trouvait la chambre des garçons, tandis que celle des filles se situait à l'avant de la maison. L'entrée de la maison se faisait par un porche ombragé. Cet espace couvert était semblable aux autres maisons du quartier. À l'époque où l'air conditionné n'existait pas, les voisins se retrouvaient sous le porche pour se rendre visite.

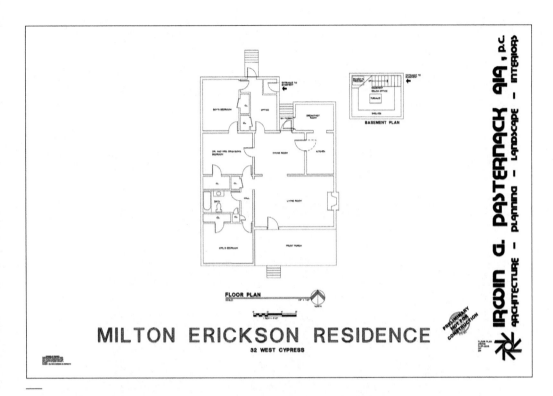

Milton Erickson residence, 32 West Cypress. Phoenix (Plan fourni par Roxanna Erickson-Klein)

La maison (*Cypress Street*, et plus tard *Hayward Avenue*) prenait alors un véritable rôle dans l'approche ericksonienne. Elle servait à la fois de lieu de famille (celle qu'il formait en couple avec sa femme, comme parent avec ses enfants), mais aussi la famille qu'il formait avec ses collègues qui le visitaient pour travailler ensemble, séjournaient parfois chez lui, ses patients qui se mêlaient d'ailleurs les uns aux autres. Ses enfants et sa femme jouaient un rôle dans son travail, que ce soit en accueillant les patients ou d'un point de vue stratégique en participant aux tâches prescriptives de ceux-ci. Mais également parfois plus intimement en devenant amis avec des patients ou plus professionnellement pour sa femme qui travaillait avec lui sur ses articles, ses conférences… La maison possédait un rôle symbolique.

En général, le patient frappait à la porte, puis l'un des enfants lui ouvrait et l'emmenait s'installer dans la salle d'attente, avant de reprendre ses propres activités. Les règles familiales étaient strictes. Ne pas discuter avec le patient ou lui demander d'informations. Ne pas engager la conversation. Mais, dans le cas où le patient aurait engagé la conversation, les enfants pouvaient répondre poliment, en fonction de la nature de la conversation. Certains patients restaient anonymes, quel que soit le nombre de séances ou de mois pendant lesquels ils venaient consulter le médecin. D'autres devenaient plus proches.

***

Roxanna : «Mes frères, mes sœurs, et moi-même avons toujours considéré cette responsabilité de l'accueil comme un privilège. Les règles étaient strictes, mais nous avions la charge de répondre aux demandes, si un patient avait faim ou soif par exemple. Nous restions donc disponibles. J'en retiens une excellente expérience.»

Le téléphone violet est une réplique du téléphone familial de l'époque. Erickson possédait un intercom sur son bureau.

Robert : «Je me souviens d'une anecdote à propos d'un patient devenu plus proche que d'autres. Alors que les plus âgés avaient déjà quitté la maison, Allan, Roxie, Kristi et moi vivions encore chez nos parents. Allan avait quinze ans, j'en avais onze, Roxie sept, et la petite Kristi six. Roxie et moi jouions aux dames quand un patient arriva. Assis dans le salon, il nous observait jouer.

Le patient : *"Que faites-vous ?"*

Robert (surnommé Bobby à cette époque) : *"Nous jouons aux dames."*

Le patient : *"Savez-vous jouer aux échecs ?"*

Nous avons toujours été encouragés à dialoguer avec les patients lorsqu'ils nous y invitaient, alors après avoir réfléchi un moment, j'acquiesçai.

Le patient : *"Aimeriez-vous apprendre ?"*

Roxie et moi nous regardâmes avant de répondre en chœur :

Bobby/Roxie : *"Oui, bien sûr ! "*

À ce moment-là, Erickson entra dans le salon, interrompant la conversation, et le patient quitta la pièce. Roxie et moi reprîmes notre partie de dames.

Deux jours plus tard, le joueur d'échecs revint pour son nouveau rendez-vous avec le docteur. Il avait apporté son plateau et les pièces du jeu. Il installa le matériel.

Le patient : *"Connais-tu les règles ?"*

Bobby : *"Un peu."*

Le patient : *"C'est un sport compliqué et difficile à apprendre."*

Seul en compagnie du patient, je me rapprochai pour écouter et regarder les déplacements sur le plateau tandis que le patient expliquait :

Le patient : *"Celui-ci, c'est le fou. Il se déplace en diagonale."*

Puis, il procéda de même avec toutes les pièces. J'écoutais attentivement ses propos. Après l'exposition des règles, il demanda :

Le patient : *"Alors, comment bouge la tour ? Comment le pion prend-il une autre pièce ? Qu'est-ce que le roc ?"*

Et ainsi de suite. Je répondais quand je pouvais ce dont je me souvenais. Quand je ne me rappelais pas un mouvement ou un point de règle, le patient expliquait à nouveau avec pédagogie et calme. De temps en temps, il me congratulait et me disait que j'apprenais vite.

Le patient : *"Maintenant, nous pouvons passer à la pratique !"*»

Robert : «Puis, il se livra à des démonstrations de parties. Il raconta aussi des

---

7 Jeu semblable au baseball, se jouant avec un ballon

anecdotes liées au jeu et aux grandes parties. Quelque temps plus tard, Allan, Roxie et Kristi furent formés à leur tour. Très vite, nous commençâmes à pratiquer ensemble, y compris quand le patient n'était pas présent. Un jour que Johnny, un de mes copains, vint me chercher pour une session de kickball[7], je l'invitai à entrer pour s'entraîner avec nous. Johnny apprit vite et se mit à jouer avec la famille. Quand le patient venait en consultation, il arrivait toujours avec quarante minutes d'avance pour prendre le temps d'une partie avec nous. Il continua de nous apprendre à jouer en augmentant le niveau de difficulté dans ces explications et attentes.

Le patient : *"Et là, pourquoi as-tu bougé ton cavalier ? De quelles autres options disposes-tu ? N'y a-t-il pas un meilleur coup à tenter ? Si tu déplaces ta reine, en combien de coups ton adversaire va-t-il faire mat ?"* »

Robert conclut : « Après trente-six ans d'expérience dans l'enseignement, je peux vous dire qu'il s'est montré un excellent pédagogue. »

Il se lève et nous invite à le suivre.

LE COULOIR :
PORTRAITS DE FAMILLE

1952. Janvier. Phoenix, Arizona. La famille Erickson dans le domicile du 32 West Cypress. Clara, Allan, Albert, Bert, Robert, Carol, Betty Alice, Roxanna, Lance, Kristina, Elizabeth, Milton. (photo fournie par Roxanna Erickson-Klein)

Vous reculez. Placez votre œil derrière le viseur de l'appareil photo. Tandis que vous fermez l'autre pour plus de netteté. Au travers de l'objectif, vous observez cette famille, réunie au grand complet. L'atmosphère qui se dégage de ce groupe est bienveillante. Aimante. La lumière particulière de cette ambiance pénètre votre objectif. Vous vous préparez à appuyer sur le déclencheur. Mais avant, vous stabilisez votre main. Vous choisissez votre angle. Vous cadrez pour inclure chaque membre dans ce moment qui, d'un peu de technologie deviendra un cliché qui aura la fabuleuse capacité de retranscrire ce moment. Et chaque fois que l'un d'entre eux, ou vous-même le regarderez, vous serez ramené à cet exact moment avec tous vos ressentis, sensations et souvenirs qui y sont liés. Ce n'est pas juste une photo que vous prenez. C'est un instant particulier que vous figez sur une image emplie de signification. *« Souriez »*. Déclencheur. Clic.

Robert : « Sur cette photo de famille, vous pouvez voir les parents de mon père, Clara et Albert, à gauche. Après la Première Guerre mondiale, en 1920, mon père écrivit son premier article qui fut publié. À cette époque, le journal scolaire était tout aussi important que celui du village. Son article, intitulé "*Why young people leave the farm*[8]" justifiait cette décision par la volonté de ces jeunes à contribuer davantage à la société en se consacrant à la science et à l'art, plutôt qu'en restant sur place pour récolter du maïs ou de l'orge. Plus tard, lorsqu'il fut diplômé, puis qu'il ait largement contribué au développement scientifique de l'hypnose, il était important pour lui que ses parents viennent à Phoenix afin qu'ils puissent constater sa réussite en tant que médecin. Parmi ses frères et sœurs, il est le seul à avoir suivi des études à l'Université, obtenu un diplôme et exercé ensuite. Il était heureux que ses parents aient vécu jusqu'à plus de 90 ans, pour leur permettre de le voir réussir. »

Robert marque une pause avant de reprendre :

« Sur le canapé, les deux jeunes hommes sont : Lance (à droite), et Bert (à gauche). Parmi mes frères et sœurs encore en vie et en bonne santé, Bert est le plus âgé. Il a 93 ans. Il est le seul à ne pas avoir obtenu de diplôme à l'Université. Il y a passé un semestre ou deux, mais n'a pas apprécié. Il est celui qui a repris le flambeau de nos grands-parents en devenant fermier. Il possédait deux poulaillers comprenant chacun des milliers de poules et de coqs. Chaque jour, une équipe d'ouvriers agricoles ramassaient les œufs qui étaient ensuite transportés par camions en raison de leur grande quantité. Après de nombreuses années dans ce domaine, il s'est lancé dans la production laitière. Deux fois par jour, un camion venait chercher le lait pour le transporter à l'usine où il était transformé, pasteurisé… Pourtant, même s'il n'a pas suivi la voie universitaire ou le chemin de l'hypnose, il a baigné dedans, comme nous tous. Je me souviens d'une anecdote où Bert a tenté d'hypnotiser papa pour obtenir les clés de la voiture et aller voir ses amis. Mon père était malade et resté à la maison, tandis que le reste de la famille était sorti. Bert s'était alors proposé de rester pour tenir compagnie à mon père. Il devait être âgé de 17 ou 18 ans à l'époque. »

***

Bert : « *Tu te souviens papa, quand on était tous partis pour des vacances au nord du Michigan. Toute la famille se trouvait en effervescence. Excitée par les vacances. Ça remuait, ça bougeait dans tous les sens pour s'habiller, se presser de boucler les valises.*

Erickson répondit dans un hochement de tête : "*Hum, hum.*"

---

8 Pourquoi les jeunes quittent la ferme

Bert : *"Ou encore cette fois où nous avions pêché? On avait attrapé des grenouilles et maman avait préparé ses fameuses 'cuisses de grenouille à la française'. C'était si bon! Il y en avait même une albinos, tu te souviens?"*

Erickson : *"Hum, hum."*

Bert : *"Et ce pique-nique sur la plage où les petits avaient éparpillé de la nourriture partout?"*

Erickson hocha la tête pour confirmer.

Bert : *"Tout à l'heure, quand ils couraient tous dans tous les sens ça m'a aussi rappelé notre bungalow de vacances. À chaque départ ou même retour, le même cinéma. Ça se bouscule, ça s'agite, ça remue. On se précipite. Mais qu'est-ce qu'on s'amuse bien!"* »

Robert : « Et Bert continua de raconter d'autres souvenirs comme le poulet frit de notre grand-mère qui était un délice, et qu'on ne manquait pas de manger à chacune de nos visites chez nos grands-parents ou encore d'autres souvenirs de voyages. Mon père nous raconta ensuite comment il avait ressenti une forte envie de donner ses clés de voiture à mon frère à ce moment-là. Pour pouvoir lire tranquillement. Avant de comprendre que tous les souvenirs heureux évoqués par Bert comprenaient un élément commun. Le voyage en voiture. Mon frère avait bien prêté attention à ne pas mentionner le mot voiture, mais il avait utilisé tout un vocabulaire lié à des voyages en voiture. Et mon père lui dit "non". Bert comprit que sa tentative avait échoué et ils rirent ensemble de bon cœur. Il n'avait même pas vraiment besoin d'emprunter la voiture. »

Robert marque une pause avant de reprendre sa description de la photographie :

« Lance travaillait pour l'administration universitaire et sa femme, Helen, était infirmière. Elle travaillait en hôpital avant d'obtenir un doctorat et devenir professeur d'université. Elle siège également au conseil d'administration de la fondation Erickson. Carol, au milieu sur le canapé, a commencé comme femme au foyer. Puis elle a obtenu un diplôme de psychologie à l'université. Elle a exercé dans ce domaine en Californie. Betty Alice, entre Carol et Lance sur le canapé, a débuté en tant qu'institutrice. Quand ses enfants sont devenus adultes, elle a repris ses études pour devenir psychologue. Allan, assis à gauche par terre, a travaillé pour la NSA[9] en tant qu'informaticien. Ce qu'il y faisait était classé TOP SECRET. Sa femme travaillait comme institutrice. Je suis assis à côté d'Allan sur la photo. J'ai exercé pendant 36 ans en lycée en tant qu'enseignant, tout comme ma femme, avant de prendre tous les deux notre retraite. »

---

9 National Security Agency (Agence nationale de sécurité en français)

Roxanna s'exclame en souriant : «Sur les genoux de Lance, c'est moi! J'ai exercé pendant longtemps comme infirmière avant de reprendre mes études et d'obtenir mon diplôme d'accompagnante. Mon mari est médecin et nous vivons à Dallas, au Texas. Notre plus jeune sœur, Kristina, se trouve dans les bras de notre mère. Elle a exercé comme médecin-urgentiste pendant plus de trente ans avant de prendre récemment sa retraite.»

***

Robert pointe son doigt vers la série de photos accrochées au mur du couloir.[10]

Robert : «Ces photos représentent mes parents ou des moments où des membres de la famille sont réunis.»

En haut, à droite, vous apercevez une photo d'Elizabeth en compagnie de Robert et de leurs *Shar-Peïs*. Si vous penchez l'oreille, vous pouvez même l'entendre haleter…

---

10 Photos du couloir de la maison Erickson au 1201 E. Hayward Ave. Phoenix, Arizona.

Robert : «La famille a eu de nombreux chiens. Ma mère les a toujours préférés aux chats. L'une des étudiantes de mon père venait du Texas où elle élevait des *Shar-Peïs*. C'est une race de chien chinoise qui a failli disparaître, et qui était très populaire dans les années 70. Lorsqu'elle a découvert que ma mère aimait les chiens, elle décida de lui en offrir un chiot. »

L'une des autres races préférées de la famille était celle des dalmatiens. Maura fut offerte à la petite Kristina à l'âge de seize ans. Milton la surnomma *Spot*[11]. Il aimait demander à certains de ses patients de compter les tâches de Maura comme tâche stratégique. La famille organisa même un concours qui dura quelques semaines et auquel les patients furent invités à participer. Chacun pariait sur son nombre de tâches. À chaque pari, une somme de 25 cents était versée dans le pot. Le jour J, un compte à rebours fut lancé, et le gagnant fut annoncé. La famille, les patients et les amis rirent de l'ampleur des chiffres avancés. L'estimation la plus élevée était de plus de 10 000 tâches ! Maura possédait en réalité environ 350 tâches.

1971. Décembre. Phoenix, Arizona. 1201 E. Hayward Yard. Milton & Elizabeth Erickson avec Roxanna et leur chien, Maura. (Photo fournie par Roxanna Erickson-Klein.)

---

11 Tâche (en français)

Les chiens ne prenaient donc pas qu'une place de compagnons de la famille dans la vie de tous les jours. Ils participaient également aux stratégies du docteur pour ses patients. Ils servaient d'outil pédagogique. L'un d'entre eux, Roger, un chien de race Basset Hound est probablement celui qui a été le plus souvent mentionné. Vous ferez sa connaissance un peu plus tard…

Les interrupteurs ci-dessous sont aussi des cadeaux.[12]

---

12 Photos du couloir de la maison Erickson au 1201 E. Hayward Ave. Phoenix, Arizona.

Robert : « Les deux photos ci-contre ont été prises alors que mes parents étaient en croisière dans les Caraïbes. Mais ce n'était pas simplement une croisière pour touristes, il s'agissait surtout d'un moment de travail où mon père rencontrait 25-30 médecins pour échanger sur leurs travaux cliniques concernant l'hypnose.

Maman porte sa *jupe Erickson*, cadeau qu'elle aimait arborer en public. »

Robert désigne le placard qui contient des vêtements.

Robert : «Vous devez probablement savoir que mon père ne distinguait pas les couleurs, excepté le violet? Alors, si vous tournez la tête du côté du placard, vous découvrirez des habits tous de la même couleur. Ces articles ont été confectionnés soit par ma mère, soit par mes frères et sœurs, ou dans certains cas par des patients. Il possédait une gamme complète de vêtements violets : pantalons, chaussettes, chemises, chaussons, robe de chambre…»

Milton Erickson pensait que chaque événement ou obstacle pouvait se voir comme une opportunité d'apprendre une leçon. Il avait fait de son daltonisme une signature. Une identité visuelle. Ainsi, la couleur violette reste, encore aujourd'hui associée au personnage. Une vraie philosophie de vie!

Au fond du couloir, une porte à droite.

LA CHAMBRE :
DANS L'INTIMITÉ D'UN HOMME

Autrefois, un lit trônait au milieu de la chambre. Il a été retiré pour permettre une circulation plus fluide dans cet espace lors des visites. Vous pouvez fouler le plancher de ce lieu où dormit autrefois Erickson. Quelles sensations cela crée-t-il ? Comment imaginer pénétrer dans un tel endroit d'intimité ? Celui où peut-être naquirent des idées pendant son sommeil paradoxal. Celui où il passa de si nombreuses heures à s'autohypnotiser pour gérer ses douleurs.

Alors qu'il se retrouva de nouveau en fauteuil roulant, la maison de *Cypress* n'était plus adaptée, notamment au niveau de l'entrée où il fallait monter des marches. Ou encore pour circuler à l'intérieur et se rendre à la salle de bains. Et il voulait rester autonome. La famille déménagea alors en 1970 au *1201 E. Hayward Avenue.*

Chaque matin à son réveil, il prenait des heures pour se débarrasser de toutes ses douleurs grâce à l'autohypnose. Détendre son corps. Se relaxer. Porter son attention sur chaque partie de ce corps endolori, pour tour à tour, les détendre. Les relaxer. Se concentrer sur chaque articulation, chaque muscle. Ne plus voir, ressentir, entendre ces parties en souffrance. Une à une. Comme si le reste n'existait pas. Se soulager en pensant à une forme de détente comme la marche pour réduire les douleurs. Puis passer à la partie suivante. Et de manière méthodique, rigoureuse, attentionnée, recommencer le même exercice. Jusqu'à se sentir débarrassé des tensions, ou du moins, qu'elles aient diminué pour ne plus accaparer l'espace mental. Plus jeune, il parvenait plus rapidement et plus facilement à gérer ses douleurs.

Il se levait environ une heure plus tard, attrapait la corde suspendue dans son armoire près du lit et sortait du lit pour s'asseoir dans son fauteuil roulant. Il pouvait alors se déplacer à sa guise dans la maison.

***

En 1919, alors qu'il était âgé de dix-sept ans, Milton fut frappé par une attaque de poliomyélite et se retrouva hospitalisé, paralysé dans son lit. Un matin, il entendit une conversation entre les médecins et ses parents. Ceux-ci prédisaient qu'il ne passerait pas la nuit. D'abord en colère qu'on annonce une telle nouvelle à sa mère, il fut déterminé à voir le coucher de soleil une dernière fois avant de mourir. Sans en expliquer la raison, il demanda à sa mère de déplacer une commode située dans sa chambre. Ainsi, grâce au miroir posé sur la commode il aperçut l'extérieur et put admirer ce merveilleux spectacle. Cette expérience constitua un état d'autohypnose intense. Tellement subjugué par ce moment, il expérimenta une hallucination négative, ne voyant pas l'arbre qui obstruait la vue. Il tomba ensuite dans le coma et y resta trois jours.

À son réveil, il se retrouva paralysé, ne pouvant bouger que ses yeux et parler difficilement. Il se fit ensuite soigner par sa mère et une infirmière à domicile. Sa rééducation dura quasiment un an. Il trompait l'ennui en regardant ses sœurs discuter, bouger, interagir. Il n'apprit pas seulement à écouter, mais aussi à distinguer les gestes, les mouvements, les contradictions entre paroles et langage corporel. Et son sens de l'observation du paralangage s'aiguisa. Un jour, assis dans son fauteuil à bascule, il fixait la fenêtre avec l'envie de s'en approcher pour contempler la nature au-dehors. Il constata alors que son fauteuil bougeait légèrement.

Cette expérience le convainquit de la puissance de l'esprit sur le corps. Il passait désormais des heures à se concentrer sur ses membres. Il tentait de les remuer par la force mentale. Il commençait avec ses doigts, puis ses orteils, passait d'un endroit à l'autre.

À mesure que sa vigueur revint, il progressait dans ses mouvements et s'astreignit à fortifier ses muscles. Il rampait jusqu'à son fauteuil ou il travaillait le haut de son corps avec des exercices. Il apprit à marcher avec des béquilles et, plus tard, retrouva l'équilibre en pratiquant le vélo.

Parallèlement à ce travail physique, il poursuivit son entraînement mental en apprenant à se relaxer et à diminuer fatigue et douleurs. Peu importe si cela prenait plusieurs heures, sa détermination ne s'en trouva que renforcée.

Plus tard, il évoquera aussi les soins de son infirmière qui préconisait des enveloppements chauds, des massages et la mobilisation des membres paralysés, comme ayant participé à son rétablissement.

Erickson rêvait de devenir médecin, pourquoi pas chirurgien orthopédique, mais conscient de la diminution de ses capacités physiques, il abandonna cette idée pour explorer d'autres options dans le domaine de la médecine. Il s'inscrivit en psychologie et trouva une nouvelle direction à suivre en neurologie et psychiatrie.

1920. Madison, Wisconsin. Milton Erickson lisant le dictionnaire à l'université. (Photo fournie par Roxanna Erickson-Klein).

À la fin de sa première année de licence, il profita de l'été 1922 pour entreprendre un voyage en canoë avec un ami. Malgré le désistement de celui-ci à la dernière minute, il décida d'y aller seul.

Ce voyage lui permit d'acquérir de nouvelles capacités comme celle d'influencer le comportement d'autrui. Ou encore de renforcer son corps. Il parcourut 2000 km, dont 1650 km à la pagaie, seul, partant avec une somme dérisoire et seulement quelques provisions. Cette expérience initiatique renforça son état physique, mais forgea également son caractère et déjà, l'apparition de principes qui s'appliqueraient ensuite à ses méthodes thérapeutiques.

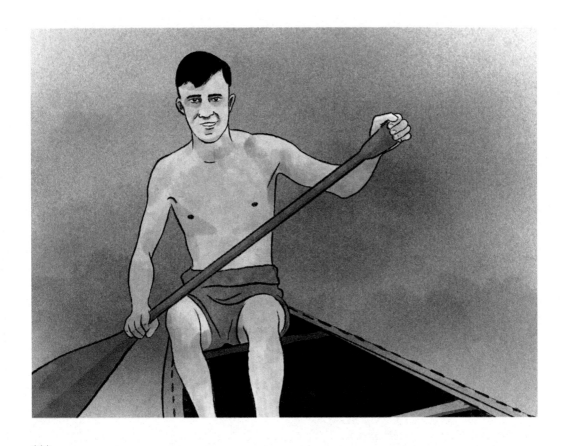

***

Roxanna : « L'autohypnose, ou l'hypnose, peuvent s'avérer une aide au quotidien. Mon père a appris à gérer ses douleurs, mais il n'est pas le seul. Une expérience concernant la douleur qui m'a cependant marquée est celle de Robert, qui a subi un grave accident tout jeune. Alors qu'il avait sept ans, il a été renversé par un camion. Fracture du crâne. Commotion cérébrale. Fracture des fémurs. Et d'autres encore. Pendant sa convalescence, il a dû porter un corset intégral. Et il restait la plupart du temps allongé sur le sofa. Je me souviens de la façon dont il a dû apprendre à gérer sa douleur. Quand il souffrait trop pour que nous puissions l'aider mes frères et sœurs et moi, ou même ma mère, celle-ci demandait de l'aide à mon père qui venait discuter avec lui. C'est le moment où j'ai compris que l'on pouvait apprendre à gérer sa douleur, ou tout du moins la perception que l'on en a. C'est probablement aussi le moment déclencheur de ma carrière dans les soins infirmiers. Et celui de la vocation de médecin-urgentiste de Kristina. »

Une autre conséquence de cet accident pour Robert se matérialisa en cauchemars qui le traumatisaient toutes les nuits. Il pleurait, hurlait, revivait le traumatisme. Le réveiller s'avérait inutile. Il gardait les yeux ouverts, apeuré. Ce n'était qu'après avoir répété « il va me rentrer dedans » qu'il se calmait avant de rejoindre un sommeil profond. À son réveil, il ne se souvenait pas de ses cauchemars. Erickson décida de prendre cette problématique en charge. Il observa que Robert semblait revivre son accident et, plutôt que de l'aider à oublier, il décida qu'il serait préférable pour lui d'accepter. Il l'accompagna alors pendant ses cauchemars en lui parlant, le rassurant sur ce qui allait se produire et l'acceptation de ce moment. Il utilisa un processus de conditionnement et les cauchemars finirent par cesser.

Robert explique : « Je ne me souviens pas de ce traitement, mais il m'est arrivé de vivre des reviviscences traumatiques après cet accident, explique Robert. À l'époque, je n'ai pas fait le lien avec mon traumatisme. »

Bobby : "J'ai dix ans, je ne porte plus de plâtre depuis quelques années. Je marche et je fais du vélo. Un jour, je me rends chez le médecin-orthopédiste accompagné de ma mère. Son cabinet se situe au 4e ou 5e étage d'un vieil immeuble. Nous prenons l'ascenseur et nous entrons dans son cabinet pour ma consultation. Après une longue attente, il me reçoit et me demande de me déshabiller, sauf mes sous-vêtements. Il me demande de marcher dans la pièce puis de me plier pour toucher mes orteils. Il parle ensuite avec ma mère et le temps s'écoule. Nous nous dirigeons vers l'ascenseur et nous attendons. Rien ne se passe. Un employé nous informe qu'il vient de tomber en panne et que nous devons utiliser l'escalier de secours. Il se trouve au bout du couloir, à l'extérieur de l'immeuble, comme dans la plupart des anciens bâtiments qu'on voit souvent dans les films. Ma mère et moi-même commençons la descente de cet escalier en ferraille qui tourne, tourne, et tourne jusqu'au sol asphalté. *Nous nous tenons aux rambardes précautionneusement. Jusqu'au moment où je me fige. J'explique à ma mère que je suis incapable de bouger. Je lui demande de retourner à la voiture garée au coin de la rue. 'Je peux descendre'. 'Je vais descendre'. 'Je te rejoins dans un instant.' Je m'assieds sur la marche. Et je descends sur la suivante dans cette position. Puis, je continue avec la suivante. Et la suivante. Et ainsi de suite. Enfin, je me trouve au niveau du parking sur le sol bétonné. Je me redresse et rejoins ma mère à la voiture. Nous rentrons chez nous et elle ne pose aucune question.*

Après dîner, je me rends dans le bureau de mon père et lui raconte. Il me demande de lui décrire l'escalier. La sortie de secours. Si je pouvais voir à travers. Ce que je faisais pendant que je me trouvais assis. Dans quelle direction je regardais ? Je regardais vers le haut. OK.

Erickson : *'Tu ne voulais pas voir l'asphalte, n'est-ce pas ? Le sol bétonné qui se rapprochait de toi ? Tu t'es donc assis de telle sorte que tu ne pouvais plus voir l'asphalte s'approcher de toi. C'est logique.'*

Robert : *'Oui, c'est vrai. Maintenant, je peux monter et descendre les escaliers sans mal car je sais comment surmonter cela'."*

Robert enchaîne sur un autre incident :

"Plusieurs années plus tard, je suis étudiant à l'Université et je me trouve à un feu, prêt à traverser. Le trottoir est bondé de passants. Au moins trente ou quarante personnes. Le feu passe au vert et tout le monde s'engage sur le passage piéton. J'avance un peu et je me fige. Incapable de traverser. Je recule et m'assieds par terre sur le trottoir. Je m'interroge. Pourquoi ne suis-je pas capable de traverser ? De réaliser une action aussi simple ? J'y pense. J'observe les vagues de gens aller et venir. Je me questionne. Le feu change de couleur. Passe du vert au rouge. Du rouge au vert. Et ainsi de suite. Puis, à un moment, je me lève. Et je traverse tout simplement pour rejoindre ma voiture."

"À ma visite suivante à la maison, je raconte à mon père cette nouvelle aventure. Il me questionne. 'Que s'est-il passé ? Et avant que tu n'arrives pas à traverser ?' Et je n'en sais rien. Je raconte ce qui me revient. Une grande intersection. Du monde. Des voitures qui vont et viennent comme d'habitude. Il demande : 'As-tu entendu des bruits de dérapage ? Ou quelqu'un qui a commencé à klaxonner ? Ou quelque chose de similaire qui a pu te ramener à ton accident ?' Et c'était probablement ça. L'association d'un bruit à un souvenir auditif de l'accident qui a remonté et m'a figé un instant."»

Roxanna : «L'hypnose aide au quotidien et apporte donc une capacité supplémentaire quand on a la chance de grandir avec elle. Mon père a toujours intégré l'hypnose dans nos vies, de manière naturelle. Par exemple, quand il racontait des histoires. Je me souviens de *The White Tummy Stories*, une grenouille dont il nous narrait les aventures. Elle possédait un dos vert et un ventre blanc (son nom en français). Elle vivait dans un étang avec des feuilles de nénuphar, au milieu d'une forêt. Dans chacune de ses aventures, il y avait une induction, une leçon aussi que nous pouvions apprendre sans même nous apercevoir qu'il utilisait des techniques hypnotiques. »

Roxanna poursuit :

« Par la suite, j'ai moi-même utilisé l'autohypnose pour progresser dans certains domaines. Notamment pour mes examens car la mémorisation n'a jamais été mon fort. J'avais des facilités à l'école mais je n'aimais pas apprendre mes leçons. Alors, j'utilisais l'autohypnose pour améliorer cette capacité. Avec des outils comme le palais de la mémoire par exemple. J'utilisais les maisons où j'avais vécu comme méthode des lieux. En se baladant d'une pièce à l'autre, on associe des éléments à mémoriser avec des objets. Robert est également très doué pour cet exercice. Mais je ne sais pas s'il utilise l'autohypnose pour s'entraîner avec cette méthode. »

Robert : « Oui, je me souviens également de *The White Tummy Stories*. J'étais déjà un peu trop âgé pour les apprécier, mais il s'agissait d'histoires curieuses où survenaient des incidents auxquels on ne s'attendait pas. Avec une morale ou une leçon cachée. Mon père avait dicté plusieurs de ces histoires à la secrétaire. Puis, elle en réalisait plusieurs copies pour les membres de la famille. Mon père en distribuait à chaque enfant en âge de les lire et de les aimer. Plus tard, il m'est arrivé d'en lire à mes enfants quand ils avaient 5 ou 6 ans. »

***

Robert se tourne pour observer les objets autour de nous et se dirige vers une pierre.

Les choses qui paraissent si ordinaires permettent de créer des associations auxquelles nous donnons un sens personnel. De nombreux étudiants ont étudié ici.

Une image. Une salle remplie d'étudiants. Des sons. Un brouhaha. Celui des apprenants assis sur leurs chaises. Sérieux. Attentifs. Distraits. Bavards. Une question capte leur attention.

Erickson : *« Connaissez-vous le bois de fer ?*

Hochement de tête négatif des étudiants.

Erickson explique : *"La tribu des Seri au sud-ouest des États-Unis et dans le désert du Sonora au Mexique, utilise ce bois pour sculpter des souvenirs des animaux vivant dans cette région. Mais ce bois est si lourd et si dense, qu'il faut attendre plusieurs années qu'il sèche avant de pouvoir le tailler."*

Erickson, assis sur son fauteuil roulant, fit signe à un étudiant du premier rang de s'approcher. Il lui demanda de passer les quelques spécimens de sa collection personnelle qu'il avait apportés dans la salle. Ainsi, chaque étudiant pouvait se faire une idée de leur poids. Puis, il saisit avec une apparente difficulté une pierre posée sur le bureau à côté de lui, refusant l'aide bienveillante du jeune garçon qui se rassit.

Erickson : *"Avez-vous de bons réflexes ?" demanda-t-il au jeune homme.*

Soudain, Erickson lui lança la pierre. Surpris par le geste, il s'écarta de justesse pour éviter l'objet.

Derrière lui, un autre étudiant se pencha pour ramasser la pierre. Il éclata alors de rire. Les autres le regardèrent, perplexes. Quand il passa la pierre au rang devant, les autres étudiants comprirent qu'il s'agissait en fait d'un morceau de mousse déguisé en pierre et que les gestes d'Erickson simulaient un lourd poids de l'objet visant, avec succès, à les tromper.

Erickson : *"Les choses ne sont pas toujours ce qu'elles semblent être…"* »

***

Robert pointe son doigt vers un autre objet pédagogique.

« Reconnaissez-vous cet homme sur cette photo ? »

Erickson l'avait placée sur son bureau à la vue de ses patients et élèves.

Erickson : *« Dites-moi donc, qui voyez-vous sur cette photo ?*

L'étudiant réfléchit. Dubitatif. Il avait bien une idée en tête, mais elle lui paraissait absurde.

Erickson insista : *"Allez-y, dites-moi. Je sens que vous pensez à quelqu'un."*

L'étudiant : *"Eh bien, je ne suis vraiment pas sûr. Mais on dirait le psychanalyste. Euh… Freud ?"*

Erickson : *"Bravo. Voyez-vous, 80 % de mes patients à qui je pose la question haussent les épaules en signe d'ignorance. Les 20 % restants chuchotent leur réponse de peur de se tromper. Un peu comme vous. Mais il n'y a aucun mal à se tromper, n'est-ce pas ?"* »

Et vous, dans quelle catégorie vous situez-vous ? Aviez-vous trouvé ? Avez-vous hésité avant de répondre? Alors pourquoi tant de personnes se trompent-elles? Parce qu'il s'agit simplement de ce que l'on nomme de la psychologie inversée[13] comme expliquait le médecin. En observant cette photo d'un homme portant l'uniforme, l'inconscient associe ce visage à un général quatre étoiles de l'armée de l'air, n'est-ce pas? Alors, on cherche un homme qui a été général quatre étoiles de l'armée de l'air. C'est la raison pour laquelle le cerveau n'associe pas un homme comme Sigmund Freud à ce costume.

Erickson poursuivit ses questions et demanda : « *Vous êtes-vous demandé si Sigmund Freud aurait pu être général de l'Air Force?*

L'étudiant : *"Euh, non, ça je l'ignorais."*

Erickson se mit à rire. L'étudiant resta perplexe.

Erickson : *"C'est tout à fait normal que vous ne le sachiez pas. L'air Force n'existait pas du temps de Freud."* »

Avez-vous également répondu «non» à la question du docteur? Cette anecdote démontre encore une fois son humour et la manière dont il pouvait en faire un outil pédagogique.

---

13 Technique de communication consistant à tenir un discours ou adopter une attitude allant à l'encontre de ce que l'on souhaite en fait suggérer

***

Robert montre du doigt une sculpture :

«Ce buste de mon père est fabriqué en bois de fer. Il porte une cravate Bolo. Lorsque nous avons déménagé en Arizona, il a commencé à en porter. Il en possédait une grande collection. »

La cravate Bolo est constituée d'une corde attachée par une pièce ornementale. Il s'agit d'une sorte de collier pour homme, popularisé par les cow-boys. Cravate officielle de l'État d'Arizona, elle était populaire dans les années 50 et continue d'être à la mode aujourd'hui, bien qu'elle ne soit pas vraiment grand public.

Robert : «Mon père possédait une collection impressionnante de cravates Bolo. Le docteur Jeffrey Zeig a offert cette sculpture à ma sœur Kristi qui a siégé comme volontaire au conseil d'administration une dizaine d'années.

Elle en a récemment fait don au musée. »

Robert : « La machine à écrire que vous voyez ici appartenait à mon père. Elle était posée dans un coin de la salle à manger. Sa secrétaire, Maretta "Pinky" Ramirez, tapait toutes les histoires et correspondances du docteur pendant environ vingt ans. »

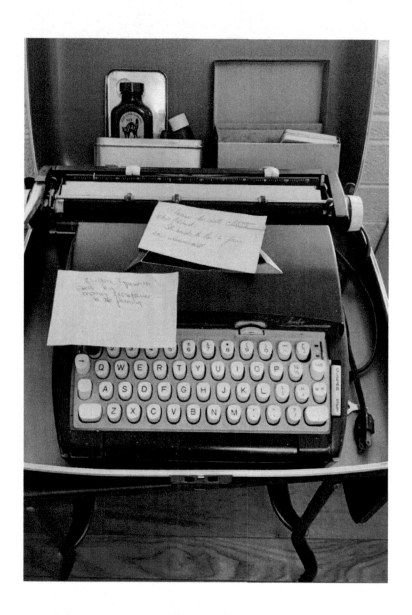

Robert poursuit : «Allan avait fabriqué un porte-papier en bois qui contenait le papier à lettres, les feuilles blanches, les feuilles carbone et le papier peau d'oignon. Les ordinateurs et imprimantes n'existaient pas à l'époque. La reproduction passait par les feuilles de carbone. Vous preniez une feuille blanche et disposiez une feuille de carbone en dessous. Puis une autre feuille blanche en dessous du carbone. Vous tapiez votre lettre. Et, par la magie de cette invention de Ralph Wedgwood, vous obteniez une copie de votre texte. Aujourd'hui, les copies sont nettement plus faciles à faire évidemment…»

LA CUISINE :
AU VENTRE DE LA FAMILLE

Une odeur. Muffins ? Vous vous approchez. Des bruits de vaisselle. Des voix. Mais vous ne distinguez pas les paroles dans le brouhaha des différents échanges. Un pas plus près. Vous tendez l'oreille. Vous la collez sur la porte. Des parents. Des enfants. Une famille réunie pour le repas. Vous poussez la porte et apercevez un homme et sa femme en compagnie de leurs enfants. Un père et une mère. Un moment convivial. Familial. Au ventre de la famille, l'hypnotiseur s'efface derrière la figure paternelle ? Quoique...

La cuisine, attenante à la salle à manger, a toujours été un lieu familial, où l'on se retrouvait pour manger. Le couple Erickson aimait beaucoup recevoir et Elizabeth utilisait toute la vaisselle, y compris celle qui était dépareillée. Ils organisaient des repas avec divers invités ; des amis, de la famille, des collègues de travail, des patients. Les quelques plats en argent encore présents dans la cuisine ont beaucoup servi. Elizabeth préparait des muffins, des roulés... elle pouvait aussi les utiliser pour d'autres mets pour lesquels ces plats n'étaient pas prévus. Peu lui importait au final. Mais cette pièce servait aussi de lieu de travail.

Robert : «Ma mère écrivait et corrigeait les écrits de mon père, installée sur la grande table de la salle à manger qui jouxte la cuisine. La secrétaire tapait à la machine à écrire dans un coin de la salle à manger. »

Cra-cra-cra! Une feuille de papier blanc s'enroule dans la machine. Tac-tac-tac, des doigts tapent sur les touches et font crépiter les marteaux de fer qui frappent le ruban. Cling de la sonnette qui marque la fin de ligne. Avant de revenir pour recommencer. Et ainsi de suite.

En juillet 1958, c'est sur une machine à écrire que furent tapés les articles du volume 1 du premier journal consacré à l'hypnose clinique, journal créé par Erickson, *The American Journal of Clinical Hypnosis*. Chaque volume, tapé à la main, voyait le jour dans un processus long et laborieux.

Une affaire familiale puisque chacun participait à sa confection et sa diffusion.

Robert raconte : «Je mettais le journal dans des enveloppes, avant de les remettre à ma mère. Mes sœurs utilisaient un tampon en caoutchouc pour l'adresse de retour. Une autre léchait les timbres et scellait l'enveloppe. Enfin, nous apportions la pile d'enveloppes au bureau de poste pour les envoyer. »

Aujourd'hui, le journal a soixante-cinq ans et participe toujours à la diffusion des recherches sur l'hypnose[14].

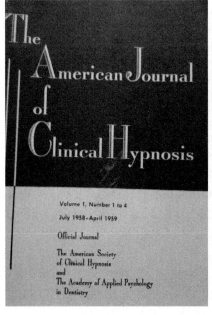

---

14 Volumes 1 à 10 conservés dans la bibliothèque du bureau d'Erickson

GRANDIR AVEC UN PÈRE
COMME MILTON H. ERICKSON

Roxanna : « J'ai d'abord pensé que notre famille était une famille comme les autres. Puis, à divers moments, j'ai commencé à comprendre que nous fonctionnions autrement. Je me souviens d'une anecdote sur les montagnes de livres de notre maison. Les livres ont constitué une première pierre à l'édifice de ma compréhension. À l'école, le professeur nous avait donné pour devoir de compter tous les livres de la maison. J'ai passé beaucoup de temps sur cette tâche jusqu'au résultat final d'environ 2000 livres. Quand le professeur a annoncé que la moyenne des élèves se situait autour de 25 livres, j'ai été très surprise. Certains élèves en possédaient 300, d'autres moins de 20. Alors oui, je savais que mes parents étaient diplômés, instruits, mais je n'avais pas imaginé un tel contraste avec d'autres familles plus modestes. J'avais grandi dans les livres et jusque-là en détenir autant me paraissait normal. »

Roxanna marque une pause avant de reprendre :

« Nous recevions beaucoup de visiteurs du monde entier à la maison. Aussi bien de Taïwan, du Japon, du Mexique ou encore de Bolivie. Un jour, des visiteurs japonais nous ont dit à mes frères, mes sœurs et moi-même que notre père possédait une renommée internationale. Là, mes frères et sœurs plus âgés ont commencé à mener l'enquête pour recueillir des informations en ce sens. Mais c'est en arrivant à l'Université que j'ai vraiment réalisé la place de mon père dans le milieu de l'hypnose et sa renommée. »

Elle poursuit :

« Je voulais apprendre l'espagnol, alors je suis partie au Mexique pour ma troisième année de licence. Alors que j'avais toujours eu des facilités en cours, je constatai que je n'étais pas suffisamment préparée. Les cours étaient très difficiles. J'étais en échec dans la plupart des matières, y compris la psychopathologie. Le professeur me demanda si j'étais de la famille de Milton Erickson. Je confirmai en précisant que j'étais sa fille. Il me fit alors une proposition que je ne pouvais pas refuser. Enseigner l'hypnose au groupe en échange de la validation de ma matière. Combien de personnes s'appellent Erickson aux États-Unis ? Pourtant, il a tenté sa chance et m'a aidée à réussir, d'un point de vue académique, mais aussi personnel. »

« L'un de mes autres moments préférés qui m'ont permis de réaliser la notoriété du nom de mon père s'est déroulé il y a quelques années au Japon. Une école m'avait invitée pour enseigner l'hypnose pendant trois semaines. Après réflexion, j'acceptai et me rendis sur place. Mais une question me taraudait. Et je ne pouvais m'empêcher de la poser. Pour quelles raisons m'avez-vous invitée ? Mon nom ? Mon père ? Mes écrits ? Mon diplôme d'infirmière ? Et là, je fus très surprise d'apprendre que j'avais également acquis une renommée dans ce pays. Tout comme mon père l'avait fait avant moi de son vivant. C'est encore un de ces moments où j'ai pu réaliser la chance d'avoir grandi auprès d'un père qui a tant œuvré pour ce domaine. Qui m'a transmis son héritage. Et je veux à mon tour transmettre sa sagesse aux prochaines générations. »

Robert : « Je ne me rappelle plus l'âge que j'avais quand j'ai découvert que mon père était célèbre. Quelque part, à la fin des années 50, un magazine à la renommée internationale l'avait interviewé. L'hypnose commençait à être reconnue. L'*American Medical Association* l'avait approuvée comme une forme de thérapie. Quand l'article a paru, mon père a reçu littéralement des centaines de lettres, télégrammes et appels téléphoniques. Les lettres apportées par le facteur ne comportaient pas toutes notre adresse. Certaines indiquaient seulement son nom, puis Phoenix, Arizona. Et Kristi, qui devait avoir six ans à l'époque, demandait ce que son papa avait de si spécial pour créer une telle agitation. Nous autres, enfants plus âgés, nous le ressentions aussi, même si je n'arrivais pas à mettre de mots sur ce phénomène. Pour moi, mon père était le médecin du quartier, comme les autres gamins avaient un père assureur, ou commercial dans le même quartier. »

Il enchaîne :

« Une autre fois, un professeur suppléant à l'école m'interpelle au moment où je m'apprête à quitter la salle de classe. Je me dis que je vais me faire gronder pour une raison ou pour une autre. Mais il me demande simplement si je suis le fils du docteur. Il m'explique qu'il a consulté mon père deux ans auparavant. Et qu'il aimerait le revoir. Je lui donne notre numéro de téléphone. Par la suite, il m'est arrivé de le croiser à la maison. De le saluer. Puis de poursuivre mes activités d'enfant. »

« Mais il y a aussi eu des moments plus difficiles. Je me souviens d'une réunion de professeurs où je m'étais rendu. Le mari d'une collègue vient vers moi, nous nous présentons, nous faisons de même avec d'autres personnes. Il revient vers moi dix minutes plus tard. Et là, il s'adresse à moi de manière plutôt agressive. Je reste interloqué par ses propos et l'évite le reste de la soirée. Plus tard, j'en parle à mon père. Il me donne un conseil sur la façon dont je pourrai désormais répondre pour me défendre face à ce genre d'agressions verbales. Quelque temps plus tard, je découvre en parlant avec ma mère que cet homme a été un patient de mon père. Lui et sa femme l'ont consulté car ils se trouvaient en instance de divorce. Il était furieux car les événements n'évoluaient pas comme il voulait. Il s'est donc vengé sur moi. Lors de cette réunion, nous avions d'abord échangé de façon agréable, puis il a dû apprendre que j'étais le fils de son médecin et il est revenu m'agresser. Ce type de comportements, être reconnu comme un membre de la famille Erickson, s'est souvent produit. »

GRANDIR
EN BAIGNANT DANS L'HYPNOSE

Le 5 décembre 1901, le petit Milton vit le jour dans une cabane en bois accolée à la montagne dans la petite ville d'Aurum située dans le comté de White Pine[15] dans l'état du Nevada.

Quelques années plus tard, en 1906, la famille embarqua dans un chariot en bois bâché d'une toile blanche pour déménager dans une ferme du Wisconsin. Le petit Milton grandit, atteint de plusieurs troubles qui n'étaient ni reconnus ni diagnostiqués dans le milieu rural où il vivait. Cécité des couleurs qui ne lui permettait de ne distinguer que la couleur pourpre. Surdité musicale et arythmie qui l'empêchaient de percevoir les rythmes musicaux comme le chant. Dyslexie qui lui causait des problèmes avec l'orthographe.

Bien qu'handicapé par ses troubles au quotidien, il ne se laissa pas pour autant abattre. Il développa des stratégies pour les contourner, apprit à vivre avec eux grâce à son intelligence et son imagination. Par exemple, un jour de classe, il expérimenta une hallucination visuelle qui lui permit de comprendre la différence entre la lettre *M* et le chiffre 3. Tandis qu'il écrivait au tableau, guidé par sa professeure, il vit soudain un éclair de lumière et le *M* se transforma en un cheval debout, tandis que le chiffre 3 devint un cheval étendu avec ses jambes allongées sur un côté. Dès lors, il ne les confondit plus.

Tout au long de sa jeunesse, sa créativité et son sens de l'observation évoluèrent. Ces capacités lui permettaient d'exercer son esprit stratégique. Un jour qu'il regardait son père tenter désespérément de rentrer un âne à l'étable en tirant sur la corde attachée à son cou, il décida de l'aider. Il se positionna derrière la bête puis attrapa sa queue avant de tirer dessus très fort. L'animal se précipita dans l'étable pour échapper à son bourreau. Il utilisa ici le concept de la *double contrainte*, c'est-à-dire que l'âne se retrouva dans une situation où les deux possibilités ne lui plaisaient pas, à savoir soit se laisser tirer en avant ou en arrière. Mais ici, il choisit le front en raison d'une moindre résistance.

Plus tard, une légende urbaine racontera qu'il passait des heures à lire le dictionnaire, n'ayant pas compris qu'il suffisait de chercher par ordre alphabétique. Ou était-ce de la curiosité intellectuelle? Peut-être un peu des deux… Ce temps à passer de mot en mot, de définition en définition, a forgé son goût pour le langage, lui permettant de développer une capacité à varier les métaphores, à jouer avec la langue, à créer des

---

15 Pin blanc

associations et des jeux de mots. Des blagues utilisant des homonymes, homographes, homophones. À devenir un expert dans ce domaine.

***

L'enfance et l'adolescence d'Erickson ont été bercées par le développement de capacités qui donneront plus tard naissance à l'approche ericksonienne. Alors, comment dès lors, ses enfants ont-ils baigné, à leur tour, dans ces expériences hypnotiques?

Robert : «Chacun avait droit à sa vie privée. Tu fais ta vie, je fais la mienne. Je ne te demande pas ce que tu fais, et tu ne me demandes pas ce que je fais. Tous les enfants et nos parents cohabitaient dans le respect les uns des autres. Le soir, nous dînions tous ensemble et mon père pratiquait la politique de la porte ouverte. Pendant que ma mère lavait la vaisselle, mes frères et sœurs géraient leurs tâches comme nourrir le chien, sortir les poubelles… et lui, il retournait dans son bureau. S'il laissait la porte ouverte, nous pouvions le rejoindre pour lui poser des questions. Je me souviens d'être entré de nombreuses fois et d'avoir raconté ce que j'avais besoin de confier sur tel ou tel sujet. Et mes frères et sœurs ont sûrement fait de même. Je n'ai pas de souvenirs conscients d'avoir été hypnotisé. Je sais qu'il l'a fait. Quand je repense à certains moments ou situations, je sais qu'il l'a fait. Mais je ne voulais pas trop prendre part officiellement. Pas comme ma sœur Betty Alice qui montait sur scène pour des démonstrations en tant que sujet par exemple. Je me sentais mal à l'aise vis-à-vis de ces mises en avant. Mais comme pour mes cauchemars, il a dû utiliser l'hypnose sur moi à d'autres moments.»

Roxanna : «L'hypnose a toujours fait partie de la famille. Parfois, de manière indirecte, comme avec les histoires de *White Tummy*, ou pour nous aider dans notre vie, comme avec les douleurs ou cauchemars de Robert. Il avait la volonté de nous apprendre la réalité de l'hypnose. Ce que c'est, à quoi ça ressemble, ce que ça peut ou ne peut pas faire. Pendant qu'il discutait ou pratiquait avec des étudiants ou des professionnels, on pouvait s'asseoir avec eux et observer. Puis, en grandissant, il nous a offert la possibilité d'apprendre l'hypnose de façon plus formelle. Et chacun pouvait exprimer son envie d'apprendre ou pas. Il aimait aussi cultiver notre curiosité et se montrait toujours disponible à ce sujet. Betty Alice, ma mère et moi faisions de bons sujets. Nous nous montrions disponibles, capables, et coopératives. Une de mes belles-sœurs aussi, Lillian, a souvent été son sujet d'étude. Il utilisait ma mère ou Betty Alice pour des démonstrations pendant des séminaires et moi-même à la maison pour les étudiants et patients. J'étais intéressée par l'apprentissage de l'hypnose périnatale en tant que future mère.»

Roxanna marque une pause.

« Mais ces techniques et outils étaient intégrés, comme naturels. Ce n'est que bien plus tard, quand je me suis formée à l'hypnose et que j'ai obtenu mon diplôme, que je me suis sentie légitime à pratiquer avec des patients ou autres sujets. »

Robert enchaîne :

« Je n'ai jamais utilisé l'hypnose comme opérateur. Mais mon père a aidé ma femme avec l'hypnose quand elle a souhaité accoucher naturellement. Nous vivions au bout de la rue et ma femme rendait visite à mon père pour ses consultations. Un jour qu'elle ne rentrait pas, je suis allée voir où elle en était de sa séance.

J'entrai dans la maison, franchis la porte de la cuisine et trouvai ma mère.

Elizabeth : *"Ils sont dans la pièce de devant,* « m'informa-t-elle.

Je m'y rendis. Là, je trouvai mon père en pleine discussion avec Ernest Rossi, tandis que ma femme, Kathy, était allongée par terre les yeux fermés.

Erickson : *"Pas encore, Robert.*

Alors, je rentrai à la maison. Plus tard, ma femme rentra. Je lui racontai ce que j'avais vu et la questionnai sur sa séance.

Kathy : *"Je ne me souviens de rien. Ni de m'être retrouvée allongée au sol ni de ta venue.»*

Kathy avait utilisé l'autohypnose avec succès pendant ses trois précédents accouchements. Elle avait consulté mon père pour ses examens quand elle avait passé sa maîtrise.

Je demandai à ma femme : *"Comment mon père t'enseigne-t-il l'hypnose ?»*

Kathy : *"Il me raconte des histoires puis je ne me souviens de rien.»*

Quelques mois plus tard, elle reçut un courrier l'informant qu'elle avait réussi son examen et obtenu son diplôme. Elle me jeta un regard étonné.

Kathy : *"Je ne me rappelle pas l'avoir passé»*, m'expliqua-t-elle à nouveau.

Robert : "Viens, allons lui demander !»

Nous sortîmes et nous rendîmes au bureau de mon père.

Je confrontai mon père : *"Comment est-ce possible ? Elle ne se rappelle pas avoir passé son examen et pourtant, elle a reçu un courrier de confirmation de réussite.»*

Erickson répondit, comme il le faisait rarement, sans détour : *"Elle a acquis des connaissances durant nos séances. Elle a lu tout ce qu'elle avait besoin de lire. Elle a suivi les cours qu'elle avait besoin de suivre. Alors pourquoi aurait-elle besoin de se souvenir d'avoir passé son examen puisque cela ne lui servira plus ?»*

Nous éclatâmes de rire tous les trois. »

Robert : «Puis nous sommes rentrés à la maison ensemble. J'ai ressenti une sensation similaire quand j'ai passé mes propres examens. Pour ma part, je n'ai jamais pratiqué l'hypnose en tant que praticien. Mais d'une certaine façon, il m'est arrivé d'utiliser l'autohypnose sans m'en rendre compte au moment T. Je me souviens d'une consultation chez le dentiste par exemple. À cause d'un problème dentaire très grave. On m'avait prescrit une quantité limitée de Novocaïne, mais je souffrais toujours. Assis sur le fauteuil, je ne voyais pas grand-chose, mais j'entendais le foret percer ma dent. Il avait creusé loin dans ma dent, si loin qu'il avait atteint le nerf. Alors, je me concentrais sur la douleur. Je visualisais l'action du foret. J'imaginais non pas la douleur mais l'image de ce que je pensais qu'il allait se passer. Et plus je me concentrais sur cet aspect-là de l'opération, moins je ressentais la douleur. Plus tard, mon père me confirma qu'il s'agissait d'autohypnose. »

Phoenix, Arizona. 32 Cypress Street. Photo de Milton H. Erickson avec Lillian Erickson. Photo issue du Saturday Evening Post, Parade Magazine, 1957. (Photo fournie par Roxanna Erickson-Klein).

LE SECOND SALON :
D'UN UNIVERS À L'AUTRE

Déplacez-vous vers le second salon. Installez-vous sur une chaise. Elle n'est pas très confortable, c'est vrai. Assez étroite. Le dossier rentre dans votre dos. L'assise est mal rembourrée. Mais est-ce confortable de passer d'un état *inconsciemment incompétent* à *consciemment incompétent* puis *consciemment compétent* avant *inconsciemment compétent* ? Est-ce confortable d'apprendre ? De passer d'un univers à l'autre ? Du confort de la vie familiale à celui du domaine professionnel ? Et n'est-ce pas justement parce que cela demande des efforts que c'est appréciable de développer ces outils de travail ? Comment vous sentez-vous quand vous savez que vous allez apprendre, mais que vous ignorez quoi, ou comment ? Pourtant, l'idée même de l'apprentissage a quelque chose d'excitant, n'est-ce pas ? Et le réconfort ne pro-vient-il pas du fait que l'acquisition de connaissances ericksoniennes a en réalité déjà commencé ? Installez-vous sur une chaise. Et poursuivez votre visite…

Cette pièce est à la fois ouverte sur la cuisine et la salle à manger d'un côté, sur la petite maison des invités qui donne sur le bureau de Milton Erickson de l'autre. Encore une fois, elle a été conçue pour une question d'autonomie des allées et venues en fauteuil roulant. Au moment d'emménager, elle servait de salon à la famille. On y trouvait un canapé, la télévision ou encore la machine à coudre d'Elizabeth.

Plus tard, vers 1974, Erickson cessa ses consultations en cabinet pour ne plus se consacrer qu'à l'enseignement. Aujourd'hui encore, Jeffrey Zeig y réalise des séminaires.

***

Robert : « Les visiteurs me demandent souvent quels étaient les programmes T.V préférés de mon père. Pendant longtemps, notre famille ne possédait pas de poste de télévision. Les livres constituaient un divertissement suffisant pour développer l'imaginaire de chacun. Mais nous n'étions pour autant pas empêchés de nous rendre chez nos amis dans le quartier. Pour ma part, tous les jours à 15 h j'allais regarder une émission ou des films chez un copain. Roxie et Kristi, de leur côté, allaient chez leur copine regarder une émission populaire à l'époque. »

« À ce sujet, je me rappelle une anecdote racontée par ma mère qui se déroula dans les années 60 à Cypress. Un patient arrivé en avance attendait dans le salon et discutait avec elle. Quand soudain, il a réalisé qu'il n'y avait pas de poste T.V.

Le patient : *"Où se trouve donc votre télévision ?"*

Elizabeth : *"Nous n'en possédons pas."*

Le patient : *"Mais enfin, vous devez avoir une télé ! Comment pouvez-vous savoir ce qui se passe dans le pays ou dans le monde sinon ?"*

Elizabeth : *"Eh bien, nous possédons une radio et nous lisons le journal."*

Le patient : *"Mais c'est terrible"*, conclut-il avant de rejoindre le docteur pour sa consultation. »

Une semaine plus tard, le patient revint pour une nouvelle séance, portant un téléviseur Sony. Un écran d'environ douze centimètres de diamètre. Un poste en noir et blanc. Il constitua le premier écran de T.V de la famille.

***

Robert : « Quand mes parents ont déménagé à Hayward en 1970, mes frères, mes sœurs et moi avons décidé de leur offrir un poste de télé plus moderne avec télécommande et en couleurs. Mais pour revenir à la question des goûts de mon père, il aimait regarder les actualités, l'émission *60 minutes* sur CBS, *All in the Family* (une sitcom à caractère politique), ou encore les reportages sur la nature, les animaux ou les fleurs diffusés sur la chaîne Disney. Mais encore aujourd'hui, personne dans la famille ne regarde beaucoup la télévision. Nous préférons tous la lecture. »

Robert sourit avant de reprendre :

« Une autre de ses séries préférées est un dessin animé qui s'appelle *Peanuts*. Il met en scène plusieurs personnages. Charlie, un petit garçon intelligent, réfléchi et *loser* déprimé, Lucy son adversaire, et Snoopy, son chien. Erickson a même utilisé ce dessin animé comme outil pédagogique. Un de ses patients a créé deux pièces d'art en mosaïque dont l'une est toujours exposée. »

« Une seconde image que possède Erickson montre Lucy avec un panneau "aide psychiatrique pour 5 cents" et Charlie qui demande une consultation. La volonté d'Erickson d'afficher un sens de l'humour à propos de sa profession très sérieuse a permis aux patients de réfléchir au processus de guérison. »

***

Robert observe autour de lui, avant de poursuivre :

« Sur le meuble sous la fenêtre vous pouvez apercevoir un buste en bronze de mon père fabriqué par un collègue, le docteur Hart. Comme pour celui de la chambre, il porte une cravate Bolo. »

Puis, il désigne un magnifique relief de cuivre.

Robert : « Vers 1951-1952, je me suis rendu chez un artiste qui m'a demandé de poser pour lui. Je me souviens d'être resté longtemps assis sans bouger.

Sur le relief ci-dessous, figure Betty Alice, Allan et moi-même à gauche, Roxie et Kristi dans les bras de ma mère. Cet artiste deviendra plus tard très renommé. Nos chemins s'étaient d'ailleurs croisés quelques années plus tôt.

"*Ne pouvant vivre de son art, un artiste nommé Charles Badger Martin, travaillait à côté comme charpentier. Un jour, il subit un grave accident et fut amputé de trois doigts de sa main droite. L'équipe médicale qui le prit en charge modifia la position de sa main en rapprochant le pouce et l'auriculaire qui restaient, afin qu'il puisse les utiliser comme une pince, notamment pour ouvrir les portes ou saisir des objets. L'artiste consulta immédiatement Erickson. Celui-ci lui annonça qu'il pourrait continuer à créer de grandes œuvres d'art. Souvent, les patients venaient en consultation accompagnés de leurs épouses et/ou de leurs enfants. Cet artiste vint avec sa femme et ses deux fils. Très rapidement, mon frère Allan et moi devînmes amis avec les deux jeunes enfants dont les âges se situaient proches des nôtres. D'abord, nous sortions dans le jardin pendant leurs visites pour jouer au kickball. De ces moments de jeux pour les occuper quand ils accompagnaient leur père naquit une profonde amitié. Elle se prolongea au-delà du traitement de l'artiste, puisque nous continuâmes à nous rendre les uns chez les autres pour des soirées pyjama, au cinéma ou à la piscine.*"

Robert : «Notre amitié a perduré. Je me suis même rendu au mariage de l'un d'eux, c'est pour vous dire… Martin a acquis une grande renommée et plusieurs de ses œuvres sont encore exposées aujourd'hui. L'illustration ci-dessous est l'une d'entre elles. Elle se situe dans le voisinage de la maison de *Cypress Street*, au parc d'*Encanto*.»

ENSEIGNEMENT
DE L'HYPNOSE

Entrez. Trouvez une chaise. Si possible au plus près du sage de Phoenix. S'installer. Sortir son cahier. Ses notes. Son stylo. Attendre. Quels sont vos ressentis ? Êtes-vous plutôt excité ? Attentif ? Patient ? Calme ? Observez les autres étudiants autour de vous. Qu'en pensez-vous ? Qu'attendez-vous de ce séminaire ? Avez-vous préparé des notes ou interventions ? Des questions à poser ? Ou bien, êtes-vous venu avec les mains dans les poches ? Comment imaginez-vous votre rencontre avec Erickson ?

Il arriva. S'installa. En début de séminaire, il aimait présenter à ces étudiants un crayon dont l'embout portait de longs cheveux violets, lisses et longs.

Erickson expliqua : « *Voilà à quoi vous ressemblez tous en ce moment.*

Il secoua le crayon, dont les cheveux se retrouvèrent tout ébouriffés.

Erickson ajouta : *"Voilà à quoi vous ressemblerez à la fin de ce séminaire."* »

Le groupe rit alors avec lui.

Dans les dernières années de sa vie, le docteur Erickson a passé beaucoup de temps à enseigner à des collègues ou étudiants, venus des quatre coins du monde. Transmettre ses connaissances. Transmettre son héritage. Espérant voir ses successeurs faire de nouvelles découvertes.

Robert : « En tant qu'enseignant, je trouve important de transmettre des savoirs et compétences. Pour ma part, j'ai enseigné à des jeunes. Et même si je reconnais l'efficacité d'un outil comme l'hypnose et de sa transmission à un public comme celui de mon père, à savoir des professionnels du milieu médical, je ne m'amuserai pas à sortir cet outil de son contexte médical. L'hypnose — même l'autohypnose — concerne ceux qui veulent l'apprendre et en faire l'expérience. Et je ne pense pas posséder les connaissances adéquates pour l'enseigner. Et je n'apprendrai pas non plus à mes propres enfants. Quand ma femme m'a demandé de l'aider, je l'ai envoyée vers mon père. Cette discipline doit rester entre les mains de personnes formées et compétentes. C'est une science. Et une mauvaise utilisation peut s'avérer dangereuse. Mon père a passé sa vie à unifier hypnose et science, et la légitimer. Il est important de continuer à la traiter de manière professionnelle. »

Roxanna : « La manière dont il a intégré l'hypnose dans notre éducation, que ce soit de façon informelle ou formelle, me semble la meilleure façon de transmettre, d'élever ses enfants, de développer leur curiosité. Aujourd'hui, en tant qu'adulte, en tant que mère, je pense comme lui que tout est une opportunité pour apprendre. Mais sans forcer. Sans obligations. À l'époque, il nous autorisait à le rejoindre quand il se trouvait avec des collègues ou étudiants, mais de nos jours nous ne pouvons plus agir ainsi. Alors j'ai commencé par pratiquer l'hypnose avec des groupes locaux. Je me suis portée volontaire pour l'enseigner et, comme mon père, j'ai proposé à mes propres enfants de s'asseoir tranquillement au fond de la salle pour observer. À la maison, avec mon mari et mes enfants, nous ne parlions pas d'hypnose de façon formelle. Tous mes enfants ont cependant suivi une formation formelle de leur côté, auprès d'autres professionnels. Mais ils n'ont pas reçu d'enseignement formel de ma part. Mais en vérité, ils ne savent pas ce qu'ils savent déjà. »

Roxanna marque une pause avant de reprendre :

« Concernant l'autohypnose, c'est un état naturel dans lequel chacun peut entrer. Les gens explorent et utilisent les réponses qu'ils trouvent en eux en fonction de leurs besoins et situations de vie. Apprendre à entrer en autohypnose est une compétence que chaque personne devrait posséder. Mais cela demande de passer par un parcours de formation pour assimiler cette capacité. C'est aussi le rôle des hypnotistes de transmettre cet outil pour permettre aux gens de l'acquérir et de s'autonomiser. Mon père a dédié une grande partie de sa vie à apprendre aux autres ses outils, ses techniques. Donner des cours représentait l'une de ses ambitions. J'espère pouvoir à mon tour en faire de même. Depuis des années, je transmets son enseignement à travers le monde, à des professionnels de santé. Les normes varient d'un pays à l'autre. Par exemple, aux États-Unis, vous devez détenir un master pour pratiquer. Ailleurs, les règles diffèrent. J'aime partager et il me tient à cœur de voir que son travail fournit des éléments de base pour une compréhension future. »

ERICKSON
ET SON ŒUVRE

Outre la sortie de l'hypnose des ténèbres, qu'est-ce qui fait de Milton Erickson un génie de l'hypnose ? Le père de l'hypnose moderne ? Le père des thérapies brèves ? Et comment a-t-il révolutionné la thérapie ?

Quand il commença à étudier l'hypnose professionnelle à l'Université du Wisconsin en suivant un séminaire dispensé par Clark Leonard Hull, Milton était étudiant en licence de psychologie. À cette époque Hull était une grande figure de la psychologie expérimentale et des théories d'apprentissages aux États-Unis. Durant ce séminaire, Hull prenait parti pour l'école de Nancy et excluait tout aspect physiologique de l'hypnose. Bien que de nombreux sujets concernant l'hypnose aient été abordés en cours — nature de l'hypnose, rôles des sujets et opérateurs, état psychologique du sujet... — Hull cherchait surtout à standardiser l'induction. Rapidement, leurs idées divergèrent. Erickson était notamment en désaccord avec la conviction de Hull que l'opérateur et ce qu'il dit sont plus importants que les processus internes du sujet sous hypnose, ou encore sa volonté de standardiser les techniques d'induction.

Il découvrit aussi de nouveaux états de conscience altérée en écrivant des éditoriaux la nuit dans un état somnambulique. Il se programmait un réveil la nuit. Se réveillait. Écrivait son éditorial dans un état somnambulique. Se rendormait. Se réveillait le matin. Trouvait son éditorial sur son bureau. Le remettait à son rédacteur en chef. Tout ça, sans se rappeler ce qu'il avait écrit. Sans se relire non plus. Quand le journal paraissait, il le lisait en tentant de découvrir lesquels étaient ses textes. Cette nouvelle expérience lui permit d'acquérir une grande confiance en l'inconscient et ses ressources.

Erickson finit par se dissocier des travaux de recherche menés par son professeur, préférant travailler avec une approche plus personnalisée et individuelle. Cette expérience constitua sa première *rébellion* face au carcan des règles en psychologie. Après tout, pourquoi ne pas sortir des schémas établis ? Des classifications ? N'est-ce pas justement en sortant des sentiers battus que des découvertes se font ? Sur le chemin de la pensée divergente ? Durant sa vie, Erickson s'est montré un précurseur, une figure innovante. Grâce à des qualités comme la flexibilité, la créativité, le travail, la persévérance, il a réussi à explorer des terres hypnotiques jusque-là demeurées vierges, tel un Magellan entreprenant le premier voyage autour du monde et découvrant le détroit qui porte aujourd'hui son nom. Sa méfiance envers les théories psychologiques toutes faites lui a permis de dépasser des conceptions étriquées et de concevoir une approche bien personnelle.

La technique Erickson repose sur différents principes innovants à la fois pour son époque, mais aussi pour le milieu de la thérapie :

L'art de l'observation

Très tôt, notamment au travers de son expérience de rééducation après son attaque de poliomyélite, il s'est rendu compte de l'importance d'observer. Observer l'autre, c'est comprendre comment il interagit, se comporte, réagit, apprend, résiste. Et dans le cadre de l'hypnose, cela permet d'adapter les stratégies utilisées pour l'aider sur sa problématique. Il considérait également que la pratique de l'autohypnose constituait une façon d'apprendre à mieux observer. D'ailleurs, il entrait en transe pendant ses séances. D'abord pour laisser de côté son conscient qui pouvait interférer dans les observations. Mais aussi parce que cela permettait à l'inconscient de devenir plus présent, de prendre en compte plus d'informations.

Une approche naturaliste

Erickson considérait que chaque personne dispose en elle-même des ressources pour changer. Ainsi, le changement vient de soi et non du thérapeute. Cette approche de la personne permet au patient de reprendre les rênes de son changement plutôt que de les confier au thérapeute. Et elle est rendue possible notamment grâce à sa conception nouvelle de l'inconscient.

Une conception nouvelle de l'inconscient

Les idées d'Erickson s'éloignent de ce qui était communément admis à son époque. Il existe plusieurs définitions de l'inconscient. Selon Laplanche et Pontalis, il représente, de manière descriptive, ce qui n'est pas dans le *champ du conscient*. Freud définissait l'inconscient comme la base de la vie psychique, mais aussi le lieu qui abrite les pulsions, les contenus refoulés ou encore les instances du Ça, Moi et Surmoi. La personne n'a aucun contrôle sur l'inconscient. Une image plutôt péjorative. Tandis que Jung a développé la notion d'inconscient collectif, représentant les fonctionnements communs. Ou encore l'inconscient cognitif pour désigner les opérations mentales qui se déroule hors du champ conscient. Qui rejoint aujourd'hui la vision neuroscientifique de l'inconscient.

Erickson abordait l'inconscient comme une partie de la personne. Si la vision freudienne de l'inconscient est de protéger le conscient de ce qu'il n'est pas capable d'accepter tant qu'un travail n'a pas été réalisé, celle d'Erickson s'avère plus positive. Erickson décrivait l'inconscient comme un réservoir de ressources dans lequel le patient peut aller puiser celles dont il a besoin ou des apprentissages qu'il ignore posséder. Et puisque c'est le patient qui possède les ressources en lui, alors il devient actif de ses changements. Contrairement à d'autres types de thérapies, les ressources mobilisées vont permettre au patient de résoudre ses problèmes en réalisant des actions. Mais loin d'une vision un peu naïve de l'inconscient toujours gentil, Erickson utilisait en réalité cet élément du psychisme comme une métaphore pour créer une dissociation entre l'inconscient et le conscient, c'est-à-dire la partie plus accessible au patient : ses pensées. L'utilité de l'inconscient est aussi de permettre au patient de comprendre sa manière de fonctionner et l'autoriser à faire confiance à cette partie de lui. À créer des attentes positives envers le travail qu'il va réaliser. La vision d'Erickson était à la fois pragmatique et psychologique.

Une approche utilisationnelle et personnalisée

Erickson combinait son pragmatisme et sa créativité en utilisant tout ce que le patient amenait avec lui (ses croyances, ses comportements, ses limites, mais aussi ses résistances). Tout devenait facteur de changement. C'est à la fois une approche utilisationnelle et personnalisée puisqu'elle englobe le patient dans sa globalité. Il s'agit de comprendre comment il fonctionne, de tenir compte de sa vie, de ses goûts, de ses loisirs afin de proposer des outils, des stratégies, des tâches adaptés aux besoins thérapeutiques du patient. Erickson utilisait les ressources internes du patient pour faciliter leur propre redirection en se servant de ce qui est déjà présent, y compris une résistance, pour permettre à la personne de changer. Aller vers l'autre, donner de l'importance à ce que cette personne pense, croit, fait… pour ensuite, utiliser ces éléments pour lui montrer comme cela peut être intéressant de modifier sa perception pour voir les choses autrement. Pour se sentir mieux. Vous aimez le basketball ? Il vous aurait raconté l'histoire d'un joueur qui avait peur d'échouer et s'était entraîné pour développer sa manière de mettre des paniers. Vous marchez beaucoup mais vous avez peur des serpents ? Il vous aurait proposé des tâches pour dépasser votre peur tout en utilisant votre passion… Mais pour aller plus loin, il prenait aussi en compte ce qui se trouvait là au moment du travail avec son patient. Une séance dans son bureau ? Il se servait des objets comme un livre ou une chaise pour créer un recadrage, une modification de perception, ou encore induire un état de transe.

Par exemple, un patient entra un jour dans son bureau déclarant qu'il ne savait pas s'il pourrait être hypnotisé. Il commença à parler de manière prolifique et rapide, expliquant qu'il avait déjà essayé de nombreuses thérapies, avait toujours été déçu des résultats. Il avait même tenté l'hypnose par le passé, mais ces essais s'étaient soldés par des échecs, d'où son interrogation sur sa capacité à se faire hypnotiser. Il n'arrivait pas à entrer en transe quand on lui parlait de concepts trop abstraits qu'il ne comprenait pas. Il préférait les choses ancrées dans la réalité, expliquait-il, tout en prenant des exemples pour illustrer ses propos, comme le fait réel qu'Erickson se trouvait assis sur une chaise.

Erickson lui proposa d'exposer ses pensées en le prévenant qu'il serait amené à l'interrompre par moments. L'homme accepta. Erickson revint sur la remarque de la chaise tout en précisant qu'elle était posée devant un bureau et que l'homme avait peut-être été distrait par ces objets tandis qu'il parlait. De nouveau, Erickson plaça des phrases évoquant des objets usuels présents devant eux comme l'agenda, le presse-papier, les rideaux… de manière tout à fait innocente, mais de plus en plus fréquente. Pour enfin mêler ces objets à des processus plus internes comme l'attention portée à ces objets, les sons entendus, le poids des mains sur les accoudoirs, la respiration qui s'approfondit, le débit de parole qui ralentit… Alors que ces remarques complétaient les paroles du patient, petit à petit, elles dirigèrent l'attention de celui-ci, l'air de rien. Puis, elles encouragèrent le patient à poursuivre son écoute, avant de créer une attente de ces stimulations. Créant ainsi une induction de transe.

Une approche directe et indirecte

Le travail d'Erickson se voulait parfois directif et insistant, mais toujours dans un but stratégique. Il pouvait assigner une tâche spécifique qui n'était pas négociable et qui faisait partie de la thérapie. La manière dont il effectuait ces demandes pouvait sembler pertinente par rapport à la problématique du patient ou parfois paraître incompréhensible, relever du symbolique. D'autres fois, il cherchait à générer de la résistance, une expression du pouvoir interne du patient. Erickson se montrait généralement directif pour bloquer les schémas qui maintenaient les symptômes. Sa pratique, au travers du langage, des suggestions, des métaphores, des inductions de transe… se voulait permissive. C'est-à-dire qu'il offrait des possibilités au patient, des choix. *Et vous pouvez vous demander comment vous allez apprendre à trouver votre propre voie…*

Une communication à plusieurs niveaux

Erickson expliqua à ses enfants qu'il lisait le dictionnaire pour son plaisir. Et qu'il le lisait aussi parce que les livres étaient rares chez lui dans sa jeunesse. Certains de ses étudiants avaient lancé une rumeur selon laquelle le jeune Milton, dyslexique, n'avait pas compris la manière d'utiliser un dictionnaire et parcourait toutes les lettres avant d'arriver à celle qui correspondait au mot recherché. Cette lecture donna naissance à son goût pour le langage. Durant ses études, il passa de nombreuses heures à lire ce fameux dictionnaire. Par la suite, il développa de nombreuses manières d'échanger avec ses patients. Métaphores, anecdotes, contes, jeux de mots et autres blagues, langage non verbal… tout y passa. Son affection pour le langage devint une réelle compétence dans son travail. Comme aucun thérapeute n'avait possédé et utilisé avant lui.

Une orientation présente et future

Alors que la plupart des thérapies cherchent à comprendre le passé, Erickson innova de nouveau en ne s'intéressant qu'au présent pour créer du changement ici et maintenant, afin qu'il se poursuive dans le futur. Il se focalisa sur la manière de résoudre un problème. Comprendre n'est ni nécessaire ni suffisant pour changer.

Une approche interventionniste et stratégique

Erickson était un pragmatique et il considérait qu'il valait mieux prendre un problème morceau par morceau. Il privilégiait les petits pas pour aider le patient à avancer. Et il cherchait à rendre le patient actif de son changement. Quoi de mieux que de lui prescrire des tâches à réaliser pour cela ? Son approche stratégique lui permettait de prescrire les tâches en fonction de là où se situait le patient. Pour débuter un travail ? Briser la glace ? Il envoyait son patient au Jardin botanique de Phoenix où grimper Squaw Peak. Ainsi, ils avaient un sujet d'échange pour la séance suivante. Pour le suivi des patients après leur thérapie ? Il leur demandait par exemple de lui envoyer une carte de vœux pour Noël et lui donner des nouvelles. Pour encourager la résistance ? Il demandait à continuer le même comportement en l'amplifiant. Pour encourager la désobéissance ? Il demandait à un patient de ne surtout pas changer tout de suite sa façon de faire… Pour chaque étape du changement, pour chaque comportement, une multitude de possibilités.

En résumé : principes de thérapie ericksonienne

- **L'observation :** du patient sans idées préconçues

- **Une approche naturaliste :** chaque personne possède les ressources en elle pour changer

- **Une approche utilisationnelle et personnalisée :** tout sert à la thérapie, ce que le patient apporte (comportements, croyances…) comme le contexte (lieu, décor, objets pendant la séance…). À partir du recueil de ce matériau, il est possible d'adapter les outils de travail.

- **Une nouvelle conception de l'inconscient :** comme une partie de la personne, celle qui représente tout ce à quoi le conscient n'a pas accès. Cette vision permet à la fois de dissocier le conscient de l'inconscient, mais aussi d'envisager l'inconscient comme un réservoir de ressources et d'apprentissages

- **Une approche interventionniste :** dans laquelle le patient se trouve actif de son changement, notamment en réalisant des tâches prescrites

- **Une orientation présent-futur :** puisque comprendre le passé ne suffit pas toujours à changer, autant partir du problème au présent pour trouver des solutions qui perdureront dans l'avenir

- **Une approche à la fois directe :** dans le côté interventionniste et la gestion des symptômes, **et indirecte** au travers de l'utilisation d'un langage permissif (suggestions, métaphores…)

- **Une communication à plusieurs niveaux de langage :** (verbal ou non verbal), direct (demande de tâche à réaliser) ou indirect (utilisation de suggestions indirectes, métaphores, anecdotes, blagues…).

Chacun des éléments de sa thérapie a fait de lui un thérapeute *hors du commun* sur le plan de la relation humaine.

En résumé : les phases de sa thérapie

- Établir le rapport
- Recueillir de l'information
- Modifier les limites, croyances, perceptions des patients
- Aider le patient à trouver en lui des ressources et développer sa motivation pour avancer sur sa problématique
- Permettre au patient de créer de nouvelles compétences, capacités, de nouveaux comportements à relier au contexte du problème
- Terminer le processus de travail en offrant de l'autonomie au patient
- Suivre le patient après le travail

Il a également révolutionné la technique de l'hypnose en elle-même. D'abord par des recherches poussées qui ont donné lieu à des centaines d'articles. Partant des études qui existaient déjà, il a réalisé un grand nombre d'expériences pour les valider ou les invalider, approfondir, comprendre…

De ses années d'étudiant à sa pratique de thérapeute à Phoenix, en passant par ses postes en hôpitaux, il s'est posé la question de la nature de l'hypnose, les phénomènes hypnotiques, les méthodes d'induction, la nature de la transe et des états modifiés du conscient. Il travaillait aussi sur des aspects cliniques de l'hypnose, ses applications psychiatriques…

***

Robert observe autour de lui pour chercher si d'autres objets peuvent attirer votre attention.

Robert : «Des livres, encore des livres, toujours des livres!» plaisante-t-il en montrant du doigt une bibliothèque.

– J'étais encore petit quand mon père et Aldous Huxley ont travaillé ensemble. Ils avaient décidé de collaborer pour tester les phénomènes hypnotiques et les états modifiés de conscience. Ils ont réalisé de nombreuses expériences qui devaient donner lieu à une étude commune sur les différents états de conscience. Malheureusement, la plupart de leurs notes ont brûlé dans l'incendie du domicile d'Huxley en mai 1961. Et la seule trace qu'il en reste, à ma connaissance, est celle d'un article publié par mon père en 1965.

THE LITTLE HOUSE :
COCON POUR ÂMES EN QUÊTE

The little house[16] possède un salon accueillant, chaleureux où vous serez au calme. Le sofa moelleux promet de longues heures de lecture au coin d'une lampe à l'éclairage jaune qui vous permettra de prolonger votre excursion dans des mondes imaginaires ou des théories passionnantes, une fois la nuit tombée. Allongez vos jambes sur le repose-pied pour vous mettre à l'aise. Observez autour de vous. Détendez-vous. Relâchez vos muscles. Prenez une grande inspiration. Piochez un livre dans la bibliothèque et ouvrez votre esprit à un nouveau chapitre de ce voyage. À chaque pas que le visiteur parcourt dans la maison, il se rapproche petit à petit du sanctuaire du docteur.

Pouvez-vous imaginer à quoi ressemble son bureau ?

---

16 La petite maison

1887. Tableau de l'artiste Pierre Aristide André Bouillet, leçon clinique de Jean-Martin Charcot à La Salpêtrière

La photo ci-dessus constitue un agrandissement de la précédente. Vous pouvez reconnaître le célèbre tableau qui représente Jean-Martin Charcot, grand neurologue français. Il effectuait des démonstrations d'hypnose sur les hystériques à l'hôpital de La Salpêtrière dont il fut le chef de service de 1862 à 1865. Ces cours magistraux attiraient de nombreux professionnels et étudiants du monde médical et il fut l'un des précurseurs de l'hypnose, contribuant à son évolution.

***

La maison de *Hayward Avenue* possède un agencement différent de celle de *Cypress Street*. Alors que le bureau d'Erickson se trouvait à quelques pas du reste de la maison familiale, le bureau de la maison de *Hayward Avenue* se situe dans une partie indépendante, qui possède sa propre entrée à l'arrière. Cette partie comprend plusieurs espaces : une salle de douche, une chambre, un salon avec un coin cuisine, et le bureau d'Erickson au fond. À l'origine, cet espace avait été conçu pour être proposé à la location à des couples retraités. À *Cypress Street*, l'immersion dans la famille était plus importante. Et chaque membre de la famille savait se montrer respectueux vis-à-vis des personnes qui partageaient l'espace, le temps d'un rendez-vous. Cette proximité permettait de créer du lien. Au contraire, *The little house* permettait à un visiteur ou un étudiant d'être isolé et autonome, d'avoir son propre espace.

The little house possède un rôle symbolique. Ses fonctions se déclinent en différentes possibilités. Cabinet de consultation, lieu d'accueil pour certains patients qui venaient de loin ou travaillaient sur une problématique qui nécessitait de rester vivre quelque temps parmi les membres de la famille. Les frontières entre vie privée et vie professionnelle se chevauchaient ici.

ERICKSON,
THÉRAPEUTE WINNICOTTIEN?

Plusieurs aspects du travail d'Erickson se rapprochaient de ceux des psychologues du développement. Aux États-Unis, son nom était souvent confondu avec celui du psychanalyste contemporain *Erik Erikson*. Son processus d'accompagnement s'apparentait aussi à celui de Donald Winnicott[17]. Winnicott, dont la spécialité était le développement de l'enfant, a élaboré différents concepts regroupés sous le terme de processus de maturation. Dans un premier temps, l'enfant qui vient au monde se trouve dans un état de dépendance absolue, un peu comme le patient qui met son problème entre les mains du thérapeute. La mère — ici le thérapeute — y répond par la préoccupation maternelle primaire, c'est-à-dire la capacité à s'identifier à l'enfant — ici le patient — pour le comprendre. Elle entre en résonance avec le bébé. Cet aspect de la relation rejoint celle de la *synchronisation* d'Erickson. Pendant la synchronisation, le thérapeute endosse le rôle de parent. Laisse une communication entre son inconscient et celui du patient se créer. Cela permet d'entrer en lien sans jugement, d'adopter la vision de l'autre, de donner une sensation de compréhension à l'autre. Très utile pour instaurer une confiance, cette synchronisation permet de favoriser la suggestibilité, le *leading*, l'observation. Elle assouplit les résistances.

Une jeune femme se présenta à Erickson, lui expliquant que l'hypnose était son dernier recours et que les autres thérapies n'avaient pas fonctionné. Elle ne pouvait pas s'empêcher de remarquer sans arrêt des détails dans son environnement, ce qui la perturbait et l'empêchait d'expliquer sa problématique. Elle ne parvenait pas non plus à se concentrer sur ce que lui racontaient les thérapeutes. Son manque d'attention devenait une partie de son problème. Tandis qu'elle parlait de son problème, elle ne put réprimer son besoin de poser des questions sur les objets qui attiraient son attention, même en ayant conscience qu'il s'agissait justement de ce qui la sabotait. Erickson entra en synchronisation avec elle. Ne jugea pas son discours ou son problème. Ni son manque d'attention. Il décida au contraire d'utiliser cette tendance (qui constituait peut-être une résistance au changement). Il la mit en état d'hypnose. Elle posa une question au sujet du presse-papier posé sur le bureau et, plutôt que de détourner son attention, il évoqua son emplacement, sur le coin du bureau, avant d'orienter l'attention de la femme sur la pendule placée derrière. Puis, sur les aiguilles de la pendule, sur l'heure, sur l'agenda… et ainsi de suite. Elle réagit en accélérant son débit tandis qu'elle posait des questions sur d'autres objets afin qu'Erickson n'ait pas le temps de lui répondre. Il utilisa alors des suggestions non verbales pour orienter son attention. En nettoyant ses lunettes, elle se mit à parler des lunettes, en soulevant son presse-papier, elle parla de celui-ci… Puis, il ralentit. Créant une attente entre ses actions. Elle diminua à son tour son flot de

---

17 Médecin psychanalyste anglais né en 1896 - mort en 1971

paroles. Jusqu'à ce qu'elle se trouve prête à fermer les yeux pour entrer dans une transe plus profonde. L'utilisation de sa résistance fut rendue possible parce qu'Erickson sut d'abord se synchroniser à son comportement. Comme une mère s'identifie à son enfant pour le comprendre dans la préoccupation maternelle primaire de Winnicott. Quant à l'utilisation des objets, elle rejoint son approche utilisationnelle.

Winnicott identifiait trois fonctions de la mère indispensable au développement harmonieux de l'enfant. L'*object-presenting*[18] : en se montrant présente, la mère attribue à l'enfant une existence réelle. Le *holding*[19] : décrit les soins apportés par la mère (quand elle le porte, le berce) qui permettent de tempérer les excitations du bébé, fonction fondamentale dans l'intégration du moi. Enfin, le *handling*[20] : soins apportés au bébé, qui participent à constituer une intériorité et des limites corporelles à l'enfant. Ces fonctions aident l'enfant à devenir de moins en moins dépendant. D'autres notions y contribuent. L'objet transitionnel, communément nommé *doudou* aide au processus d'individuation. Il sécurise l'enfant pendant l'absence de la mère, un peu comme le fait une tâche prescriptive pendant l'absence du thérapeute. Celle-ci devient alors le lien qui relie le patient à son thérapeute en dehors du cadre de la consultation. Il garde la personne active, mais aussi en relation. Ainsi, l'enfant — ici le patient — développe son potentiel pendant cette phase, apprend à utiliser ses ressources comme l'imagination, l'invention, la résolution de problème… Dans la thérapie, ces fonctions s'apparentent aux outils utilisés par Erickson pour autonomiser le patient (via l'approche utilisationnelle, les suggestions…). Erickson accompagne le patient *comme un parent* jusqu'à une identité plus autonome.

***

Parmi les collègues ayant séjourné chez Erickson, Margaret Mead, une anthropologue américaine. Avec son mari, Gregory Bateson, elle consulta Erickson concernant les processus de transe qu'ils avaient observés à Bali.

Erickson possédait tous ses livres, parmi d'autres auteurs dont il admirait le travail.

---

18 Présentation de l'objet (en français)
19 Le fait de « tenir »
20 Manipulation physique du bébé

—
Juin 1967. Margaret Mead, avec trois des petits-enfants d'Erickson au 32 West Cypress. (Photo fournie par Roxanna Erickson-Klein).
—

Robert : «Je me souviens très bien de Margaret Mead, explique Robert. Elle venait si fréquemment séjourner à la maison qu'enfant, pendant très longtemps, j'ai cru qu'elle faisait partie de la famille. Qu'elle était une tante ! Plus tard, jeune adulte, je lui ai même rendu visite au Musée d'histoire naturelle de New York avec ma femme. »

Roxanna : «Je lui ai également rendu visite à son bureau de New York. Je me souviens de la facilité avec laquelle elle s'intégrait dans notre routine familiale et de l'intérêt qu'elle portait à chacun d'entre nous, y compris à tous nos amis. Elle me laissait fouiller dans sa valise, et je lui dois mon habitude de toujours voyager avec un minimum de bagages ».

***

Robert sourit avant de reprendre :

«Et puis, il y avait les patients. Certains ont également séjourné ici. D'autres non. D'autres encore louaient des chambres à proximité. Mais certains sont tout de même devenus des amis. Je me rappelle cette femme qui me considérait comme son fils. Cette relation a duré environ quatre ans, entre mes six et dix ans je dirais. J'étais tout simplement devenu son fils perdu. Elle m'emmenait au parc où nous pique-niquions, au restaurant, au cinéma. Elle m'a offert des cadeaux comme ma première canne à pêche. Elle m'emmenait au lac du coin pour pêcher et j'attrapais des petits poissons. Elle m'autorisait à utiliser son appareil photo. Je prenais en photos les animaux dans le parc, les fleurs… Elle m'a gâté pendant quatre ans. Elle a joué un rôle très important pour moi durant cette période où elle consultait mon père. Et puis, comme les autres patients, elle a fini par ne plus venir. Mais elle continuait de correspondre avec mon père. Elle m'envoyait des livres avec des petits mots pour Noël ou mon anniversaire. »

« Plus tard, lorsque j'avais dix-sept ans et que je terminais mes études secondaires, je me trouvais dans ma chambre quand mon père m'appela pour m'annoncer qu'elle souhaitait me parler au téléphone.

Robert : *"Mais, qu'est-ce que je vais bien pouvoir lui raconter, papa ?"*

Erickson : *"Parle avec elle. De ce qui te vient à l'esprit. Ce que tu fais en ce moment."*

Robert : 'Je décrochai et lui racontai que je jouais de la trompette à l'école. Que je voulais continuer pour intégrer l'orchestre du lycée l'an prochain. J'étais devenu scout. Je travaillais comme livreur de journaux. Je décrivis mon uniforme de l'école. Je débitai tout ce qui me venait à l'esprit sans réaliser qu'elle ne me demandait pas de détails, ne me posait pas de questions. Avant de comprendre qu'elle pleurait à l'autre bout du fil. Elle m'écoutait et elle pleurait.'

"Vous savez comment ça se passe dans la vie ? Vous nouez de fortes relations. Puis un jour, elles cessent. Et vous en faites le deuil. Au téléphone, elle pleurait comme une mère qui marie sa fille ou qui dit au revoir à son fils qui part à l'armée. Dans le cas de notre relation, elle me disait au revoir à travers ses sanglots. Ce que je n'ai pas tout de suite compris. À la fin de la conversation, elle m'a simplement demandé : *'Peux-tu me repasser ton père ?'.*" »

Robert : « Je n'ai aucune idée de ce qu'ils se sont raconté ensuite. Par la suite, je n'ai jamais su ce qu'elle était devenue. Je me souviens une fois où Roxie accompagnait un groupe pour une visite de la maison. En racontant mon histoire, je sentais Roxie en colère. Plus tard, je lui ai demandé pourquoi elle semblait fâchée. »

Roxanna explique, amusée : « Alors que Robert évoquait cette relation, je me suis rappelé combien j'avais été jalouse de la manière dont il avait été gâté par cette femme. Et je questionnais ma mère : *"Pourquoi c'est toujours lui qui va au parc ou au cinéma avec elle ? Je veux y aller aussi."*

Elizabeth : *"Parce que Bobby a un lien spécial avec elle."*

Nous savions tous que nous ne devions pas insister pour plus d'informations au sujet des patients. »

***

Roxanna poursuit l'évocation de souvenirs au sujet de patients :

« Des adolescents de notre âge ont également séjourné chez nous, ou près de chez nous. Ils venaient parfois d'autres états que l'Arizona. C'était une expérience vraiment étrange. Comme j'étais au lycée, s'ils devaient rester longtemps, papa les inscrivait dans un autre lycée que celui fréquenté par notre famille. Il voulait que les patients mènent une vie indépendante. Mais nous avions le droit d'être amis avec eux. Tout en étant vigilants à nos comportements, nos paroles. Ces jeunes intégraient notre cercle social, nous les côtoyions toute l'année. Je me suis trouvée proche de certains. Je me souviens d'une jeune fille dans ce cas. Elle avait de gros problèmes et elle séjourna un long moment à Phoenix. Elle souffrait notamment d'hallucinations. J'étais déterminée à participer à l'amélioration de sa condition. Je l'accompagnais dans des sorties, nous cuisinions ensemble… Ça lui permettait de sortir un peu du cadre de la thérapie et mon père m'encourageait à lui offrir cette bouffée d'air, de la traiter comme une personne en *bonne santé*. Mais c'était compliqué de ne pas aller trop loin dans notre amitié pour ne pas entraver son travail avec papa. De savoir respecter les limites éthiques. Surtout que nous n'étions que des ados. »

Roxanna marque une pause avant de reprendre :

« Souvent, il m'est arrivé de demander à mon père pour quelles problématiques un tel patient ou une telle patiente que je fréquentais venait le voir. Il répondait systématiquement : *"Oh lui, il veut arrêter de fumer."* Je savais que c'était faux, mais c'était comme une phrase codée pour me signifier que je ne devais plus poser de questions. »

Un autre exemple de patient ayant intégré la famille comme un membre est celui de John.

Roxanna : « John, schizophrène, avait été hospitalisé pendant la plupart de sa vie. Il voulait avoir une vie à lui, indépendante de l'hôpital. Erickson travailla avec lui pour lui permettre de vivre de manière autonome. Une des premières étapes consista à séparer John de sa famille qui ne l'aidait pas à s'autonomiser. La famille accepta de coopérer avec Erickson en mettant en place, par l'intermédiaire d'un agent de banque, un fonds fiduciaire qui couvrirait les frais de subsistance de John. Il s'installa dans un appartement près du cabinet d'Erickson et renonça volontairement à sa voiture. L'un des aspects problématiques de sa maladie résidait dans son absence de relations stables et positives. Les membres de la famille l'accompagnèrent dans un refuge pour l'aider à choisir un chien. *Barney*, le nouveau compagnon Beagle de John, ne pouvait pas vivre chez John. Un arrangement fut trouvé : Barney irait vivre chez les Erickson. Mais il restait le chien de John qui devait venir le nourrir et le sortir deux fois par jour. Cette tâche prescriptive permit à John de créer du lien, mais aussi de modifier sa perception de ses venues chez le thérapeute en tant que maître de son chien et non plus patient. Au fil des années, il devint un ami de la famille. Erickson fit très attention à garder une distance avec Barney, voire à lui refuser son affection, pour que John reste son maître, voire son sauveur. Erickson employa une méthode qu'il avait déjà utilisée avec Roger, son chien. À savoir que Roger écrivit des lettres à Barney au sujet de son maître, John. »

« Barney survécut à Erickson, mais lorsqu'il mourut à son tour, Elizabeth emmena John recueillir un nouveau chien. Il continua de venir nourrir le nouveau chien, ainsi que celui d'Elizabeth, poursuivant ainsi sa thérapie de manière inédite. ».

LE BUREAU :
LE SAGE DU DÉSERT

Imaginez… Parvenez-vous à entendre les échos de voix qui vous parlent… ?

« Bonjour. Installez-vous dans le fauteuil que vous voulez, propose le docteur Erickson.

Regardez-les. Comparez. Lequel vous appelle ? Pour quelles raisons ? Comment effectuez-vous votre choix ? Pour sa place dans le bureau ? Pour sa couleur ? Pour sa forme ? Pour sa texture ? Vous avez choisi ? »

Erickson reprend : *« Très bon choix. C'est justement celui que j'aurais choisi si je désirais vivre une expérience hypnotique. Même si, à bien vous observer, je ne jurerais pas que vous n'êtes pas déjà dans un état particulier. »*

Erickson poursuit dans un petit rire : *« La lecture ? La visite ? Les histoires ? C'est comme plonger dans son imaginaire pour aller chercher des ressources, des capacités qui vous permettent de profiter au maximum de ce moment, n'est-ce pas ? Gardez cependant les yeux ouverts pendant qu'une partie de vous trouve sa propre signification de l'histoire. »*

Le bureau au fond de la maison constitue le sanctuaire du docteur. Le lieu des consultations avec les patients. Des échanges avec ses collègues. De l'écriture d'articles et de livres. Un endroit chargé de transe, de créativité, de changements, de discussions autour de l'hypnose. Et vous pouvez vous demander comment le fait de vous retrouver ici peut aussi agir sur vous. Comment vous pouvez, à un certain niveau, en retirer quelque chose que seul votre inconscient peut déterminer ? Qu'allez-vous apprendre ?

Robert : « Regardez autour de vous. Vous pouvez apercevoir les diplômes de mon père accrochés, poursuit Robert. Ici, celui du conseil médical qui l'autorise à exercer dans l'état d'Arizona. »

« Sur la bibliothèque se trouvent des poupées Kachina appartenant à ma mère. L'étagère en coin a été façonnée par mon frère, Allan, quand il avait treize ans. Il l'avait conçue spécialement pour le bureau. Comme vous le constatez, nous possédons quantité de livres dans chaque pièce. »

D'autres objets décorent la pièce comme des poteries ou des sculptures.

Robert : « Dans le fond derrière le fauteuil, vous apercevez un chapeau violet, un chapeau de sorcier qui a été fabriqué et offert à mon père par un groupe d'étudiants dans les années 70. Vous voyez, accroché au mur, un masque de guérisseur qui vient de Porto Rico. Ce n'est pas souvent qu'on trouve ce genre d'objets dans le bureau d'un médecin, n'est-ce pas ? Mais vous connaissez sans doute son surnom ? *The wizard of the desert*[21]. Mon père aimait utiliser ces objets rares comme outils pédagogiques. Justement parce qu'une personne ne s'attend pas à de tels artefacts dans un cabinet médical. »

Pouvez-vous imaginer comment il les utilisait ?

Son approche utilisationnelle postulait que tout peut servir à la thérapie. Chaque lieu, décor, idée, croyance, comportement… Et même résistance. Ou encore, évidemment, objet. Et les objets de son bureau ne font pas exception. Au contraire. De nombreux exemples d'utilisation des objets comme outils pédagogiques parsèment les articles du thérapeute. Que ce soit comme tâche prescriptive ou pour les inductions. Ils servent à recadrer une croyance comme la pierre en mousse. À briser la glace en discutant autour d'un article qui plaît ou que le patient connaît. À fixer l'attention ou contourner une résistance comme un simple presse-papier À étonner comme le chapeau de magicien violet ou les masques…

Il donne l'impression de quelque chose de commun, et le patient ne s'attend pas à ce qu'un simple objet puisse participer à sa thérapie, à sa transe. Leur aspect ordinaire rassure, n'éveille pas les soupçons. Après tout, comment une chaise ou un bureau pourraient-ils hypnotiser quelqu'un ? Comment le simple fait de vous asseoir peut-il induire un état particulier en vous ? Comment une texture, un tissu en contact avec votre dos peuvent-ils créer une sensation spécifique ? Comment des accoudoirs en bois où vous posez vos bras peuvent-ils vous ramener à d'autres expériences ? Alors dans ce bureau, sur cette image, vous pouvez laisser aller votre attention, portez votre regard sur un objet qui vous étonne, vous inspire. Puis, fixez ce regard. Jusqu'à ce que vous observiez que vos paupières ne clignent plus. Que votre respiration s'est approfondie. Que l'extérieur s'est estompé. Que…

---

21 Traduit en français par le Sage du désert, mais wizard se traduit aussi par magicien ou sorcier.

Robert : «Vous pouvez observer combien d'objets il utilisait dans sa pratique. Sur l'étagère derrière la petite table en triangle apportée en Arizona depuis le Michigan se trouve un buste de mon père en terre cuite. Il a été confectionné par l'artiste au membre fantôme dont je vous ai déjà parlé plus tôt. Ma mère l'ornementait toujours d'un chapeau de père Noël pendant les vacances de fin d'année.

Son agenda de l'époque est toujours posé sur le bureau. En tournant les pages, vous pouvez observer qu'il avait programmé de nombreux rendez-vous, sur les mois suivant sa mort.

Roxanna : « La mort de mon père a affecté bien plus que les membres de la famille. Heureusement, nos relations privilégiées entre frères et sœurs nous ont permis de nous unir pour réagir face à tous ceux qui souhaitaient participer aux cérémonies funéraires et aux décisions à prendre. Nous sommes nombreux et nous avons pu nous soutenir les uns les autres dans ce moment tragique. »

« De nombreuses personnes nous ont sollicités pour assister aux funérailles. Beaucoup d'entre elles se présentaient par une approche similaire "j'avais rendez-vous avec votre père. Il allait m'aider. Et il est mort." Et ils lâchaient ça comme ça. À moi ou d'autres membres de ma famille. *Que voulez-vous que nous répondions à ça ?* C'était déjà très douloureux pour nous tous. Évidemment, je ne répondais pas vraiment ça. Je ne disais rien. Ensuite, nous en riions ensemble avec mes proches. Nous savions que sa mort aurait un impact au-delà de notre cercle familial. Même amical. Nous nous doutions que d'autres que nous en souffriraient aussi. Mais pour être honnête, nous nous attendions à plus de respect que nous n'en avons reçu quand nous avons prévenu que nous organiserions une cérémonie en petit comité. Seulement pour la famille et les amis proches. Mais de nombreuses personnes voulaient venir partager ce moment. Se recueillir. Beaucoup, beaucoup d'autres. Ce fut surprenant d'observer par la suite, bien plus tard après sa disparition, que les patients qu'il avait accompagnés continuaient à donner de leurs nouvelles. Même 20 ans après sa mort, d'anciens patients attribuaient encore leur bien-être présent au travail qu'ils avaient fait avec lui. »

Malgré le vide que sa disparition laisse aussi au milieu de l'hypnose, son héritage prolifique continue à se transmettre d'une génération à l'autre.

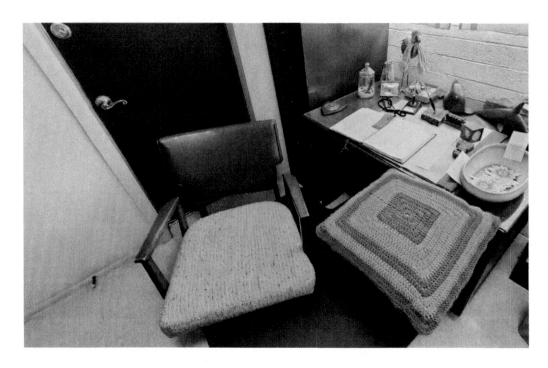

Le coussin violet posé sur le bureau du docteur est une réplique de celui qu'il possédait et qu'il utilisait pour reposer son bras. Il a été fabriqué au crochet par Kathy Erickson, belle-fille de Milton et femme de Robert. Il témoigne de la manière dont il s'est toujours accroché à son travail et à la vie. Douleurs ou pas. Handicaps ou pas. Il donnait chaque jour le meilleur de lui-même. Et même dans les derniers jours. Il ne souhaitait pas que ses proches se lamentent sur sa mort. Après tout, « *chacun commence à mourir dès le premier jour de sa vie. Autant profiter jusqu'au dernier souffle* ».

Jay Haley, l'un des premiers collaborateurs d'Erickson, a écrit de nombreux livres sur la thérapie stratégique. Il est celui qui l'a fait connaître auprès du grand public avec ses ouvrages, *Uncommon therapy*[22] et *Strategies of psychotherapies*[23]. Cette publication et la reconnaissance qui s'ensuivit ont permis à Erickson de devenir le père de la thérapie brève stratégique.

---

22 *Un thérapeute hors du commun* (titre français)
23 *Stratégies de psychothérapies* (titre français)

UTILISATION STRATÉGIQUE DE L'HYPNOSE DANS LA FAMILLE

Roxanna : « La façon dont notre père intégrait la communication formelle et informelle, familiale et professionnelle, était courante dans son travail, mais pas dans les cercles professionnels plus larges. Dans un premier temps, un patient arrivait et pouvait observer la dynamique familiale. Quand il s'installait dans la salle d'attente, cela constituait déjà une forme de stratégie d'utilisation. Les patients pouvaient voir comment se comporte une famille fonctionnelle. Un bébé, de jeunes enfants, de plus grands enfants, un couple… Ça fait beaucoup de monde sous un même toit et c'est une expérience intéressante à observer. Beaucoup d'adolescents en difficulté, par exemple, n'auraient sans doute jamais eu d'interactions amicales normales sans ça. C'est une forme de modélisation saine. Certaines personnes qui séjournaient chez nous nous accompagnaient aussi dans des activités familiales extérieures comme une sortie canoë ou chez des amis pendant le week-end. »

« Je me souviens également de moments où papa me demandait d'accomplir des tâches, seule avec des patients. Par exemple emmener un adolescent à la bibliothèque, lui expliquer comment trouver des livres, les emprunter ou demander une carte d'adhérent. C'était également l'une de mes tâches assignées pour les personnes âgées déprimées : se rendre à la bibliothèque avec toutes les ressources qu'un y trouve. Pour quelqu'un dont le lien social est rompu, c'est une façon de réapprendre petit à petit à le rétablir. Sans donner l'impression d'une thérapie formelle. C'est simplement un tour à la bibliothèque du quartier, vous voyez ? »

***

Robert se souvient d'une autre anecdote avec une patiente : « Je me rappelle la *dame à la bicyclette bleue*. Mes parents étaient partis pour une croisière dans les Caraïbes. Pendant leur absence, un adulte supervisait les enfants. À chaque membre de la famille avaient été assignées des responsabilités : nourrir le chien, sortir les poubelles, couper du bois, préparer les repas, faire le ménage et la lessive… Quant à moi, mon père m'avait attribué une tâche plus personnelle.

Erickson : « *Robert, viens par ici. Tu veux bien m'aider avec une patiente ?*

Robert hocha la tête en réponse à la demande sur un ton de confidence de son père.

Erickson : "*Tu te souviens de la dame à la bicyclette bleue ? Pendant mon absence, elle est autorisée à nous rendre visite et ce n'est pas grave. Si elle vient, tu n'as pas besoin de t'engager. Elle frappera à la porte de derrière, entrera directement dans la maison et se dirigera vers le bureau et fermera la porte. Elle connaît le chemin. D'accord?»»*

Robert : «Ma tâche consistait simplement à prendre en compte ses visites et le dire à mon père à son retour. Et c'est ce que j'ai fait. Elle est venue plusieurs fois. Elle a suivi le cheminement qu'il avait décrit. Je ne sais pas combien de temps elle restait chaque fois. Elle venait. Elle passait du temps dans le bureau. Elle repartait. Je notais. J'informais mon père. Point.»

Robert explique ce qu'il en a appris :

«Comme à chaque fois qu'il m'a assigné une responsabilité, je n'ai pas cherché à en savoir plus. Puis, pendant vingt ans, je n'ai plus jamais entendu parler de la *dame à la bicyclette bleue*. Un jour que je lisais un article qu'il avait rédigé, je suis tombé sur le cas de cette femme. Elle souffrait de paranoïa et se croyait suivie par des hommes nus. Pour l'aider, mon père avait employé la stratégie suivante : enfermer les hommes nus dans le placard de son bureau. Ainsi, elle pourrait vaquer à ses occupations tranquillement. Et quand elle en ressentirait le besoin, elle pourrait venir vérifier à tout moment, qu'ils y étaient toujours. Alors, elle venait régulièrement s'enfermer dans le bureau. Ouvrir le placard pour vérifier leur présence. Puis, satisfaite, elle repartait vaquer à ses occupations. D'ailleurs, ils se trouvent probablement toujours dans le placard », ajoute Robert en plaisantant.

***

Roxanna ajoute à son tour ce qu'elle en a retenu :

«Ça ressemblait à de simples actions ordinaires. Tout semblait informel. Nous étions jeunes et nous ne pouvions pas connaître les stratégies implicites à ses demandes. Même si en grandissant, nous pouvions imaginer que quelque chose se tramait. Quand je suis moi-même devenue infirmière, j'ai travaillé un temps en hôpital, où je distribuais leurs médicaments aux patients qui souffraient. Ayant modélisé mon père sur ce sujet, j'utilisais des techniques de gestion de la douleur. Je m'asseyais à côté des patients. Je leur parlais. Et mes compétences en hypnose leur permettaient de mettre des mots sur leurs maux. À s'exprimer et commencer à ressentir de nouvelles sensations. Sans qu'ils aient besoin de savoir que j'avais employé ces instruments. J'ai toujours été impressionnée par la manière dont on peut apprendre à gérer la douleur grâce à des outils stratégiques.»

Elle évoque une autre anecdote :

« Papa utilisait parfois les patients pour m'aider à mon tour. Évidemment, il ne pratiquait cette méthode qu'à condition qu'il y ait un bénéfice réciproque pour le patient et moi-même. J'avais comme devoir pour mon école d'interviewer une personne souffrant d'une maladie mentale. Mon père suivait alors un patient schizophrène gravement atteint. Après lui avoir demandé son accord pour m'assister, ils me rejoignirent dans la cuisine. Tandis que mon père se plaçait en retrait, je me retrouvais face à cet homme qui portait un chapeau et de grandes lunettes noires. Je lui posais une série de questions préétablies très intrusives. *"Souffrez-vous d'hallucinations? Pensez-vous que vos médicaments fonctionnent? Expérimentez-vous des crises sous médication? Trouvez-vous votre médecin compétent?"* Il me répondait, très honnêtement. Je le remerciais chaleureusement pour son aide. À la fin de l'entretien, il m'expliqua que cela faisait longtemps qu'il n'avait pas fait quelque chose pour quelqu'un d'autre. »

Dans ce cas-là, le patient est devenu l'objet de la stratégie pour un membre de la famille.

***

Robert suggère : « Revenons aux objets qui ornent le bureau. Certains ont été offerts par des patients. »

Il désigne une sculpture d'un couple enlacé. Qu'évoque-t-elle pour vous ?

Robert : « Je me souviens particulièrement bien de l'histoire liée à cette œuvre d'art. À la fin des années 50, j'étais à l'école primaire. Un couple consulta mon père. Je leur trouvais un air sympathique. Ils étaient — de mon point de vue d'enfant — jeunes et beaux. Après de nombreuses séances, comme tant d'autres avant eux, ils cessèrent de venir. Peu de temps après, mon père reçut un colis contenant cette sculpture. Peut-être que le message signifiait *"merci, notre couple va mieux"* ou quelque chose dans le genre. Par la suite, il l'a aussi utilisé comme un outil pédagogique. »

***

Robert : « Cette petite pieuvre violette posée sur l'oiseau en bronze provient d'une jeune fille qui souffrait d'un trouble alimentaire. Après s'être rétablie, elle a voulu lui offrir un cadeau, alors il lui a suggéré de fabriquer cet objet. Elle a été l'une des dernières patientes ayant consulté mon père, car dans ses dernières années il ne voyait plus que des étudiants et collègues. »

1953. Photo de Milton H. Erickson prise par Joseph Haywood. Il se trouve dans son bureau du 32 Cypress Street, Phoenix, Arizona. (photo fournie par Roxanna Erickson-Klein).

ERICKSON ET
L'ARGENT

Avant de quitter le bureau, il reste à souligner un dernier point important. L'argent. Malgré sa notoriété, son talent, la qualité de son accompagnement ou encore la demande toujours grandissante de ses aptitudes, Erickson n'a jamais fait de l'argent une ambition. Il a grandi dans une ferme où ses parents travaillaient dur pour gagner leur vie. Il a très tôt appris la valeur de l'argent. Son voyage en canoë lui a enseigné qu'un homme peut vivre avec peu de moyens tout en goûtant au bonheur. Plus tard, il inculqua à ses enfants cette même vision de l'argent. De ses débuts à la fin de sa vie, il n'augmentera pas le tarif de ses prestations. 20 $ de l'heure. Que vous soyez un patient ou un groupe d'étudiants. Même tarif. Et si vous ne pouviez pas payer ? Pas de problème, il recevait quand même les demandeurs. Et si vous souhaitiez donner plus ou offrir un cadeau en remerciement de son accompagnement ? Il acceptait. L'argent ne participait pas au bonheur de la famille. Quand il formait de futurs thérapeutes, il préconisait de toucher le montant de la séance à la fin. Une manière pour le thérapeute de reconnaître la valeur du travail fourni.

Roxanna : « L'un de mes patients m'a récemment dit : *«La richesse, c'est de savoir ce dont on n'a pas vraiment besoin et d'apprécier ce que l'on a»*. Ses propos ont résonné dans mes pensées. Et j'ai réalisé à quel point ces paroles rejoignaient celles de mon père.

LE JARDIN :
SEMER SES GRAINES

En sortant dans le jardin, vous pouvez faire quelques pas pour profiter de la nature. De la température agréable. Le ciel est bleu. L'air est sec. La température ressentie est plus élevée que la température réelle. C'est l'une des caractéristiques du climat de l'Arizona. L'odeur des fleurs et des plantes chatouille vos narines. Peut-être même que vous pouvez identifier sa provenance. Prenez une grande inspiration.

La maison de *Hayward Avenue* a été choisie pour qu'Erickson puisse circuler aisément en fauteuil roulant, y compris à l'extérieur. L'aménagement paysager du jardin était, à l'origine, désertique. Milton aimait jardiner. Faire pousser des plantes et des fleurs. Lors d'un Noël, ses enfants lui offrirent un système d'arrosage afin de lui permettre d'étendre ses activités de jardinage à l'ensemble du terrain. Il aimait particulièrement les cactus. Il en avait déjà fait pousser dans le Michigan. Certains d'entre eux ont fait le voyage avec la famille jusqu'à Phoenix.

Erickson s'impliquait beaucoup dans sa passion pour la vie végétale, et ses enfants aussi. Il utilisait ce domaine pour donner des leçons, raconter des histoires sous forme de métaphores. Pour partager des outils pédagogiques, avec ses patients.

L'une des variétés qu'il affectionnait se nomme *Opuntia Macrocentra*, communément appelé *cactus poire piquante*, couleur pourpre.

On sème une graine, qui grandit, se renforce sous la terre, se nourrissant des nutriments à sa portée. Et puis, elle sort de terre, continue de grandir en s'adaptant à son milieu. Le climat, la nourriture, l'eau, les prédateurs. Prenez les plantes succulentes. Le terme succulent est lié à la capacité de ces plantes à recueillir beaucoup d'eau qui sera stockée pour leur permettre de survivre sans pluie pendant plusieurs mois. Elles ont appris à vivre dans les zones désertiques comme l'Arizona.

Le saguaro, cactus haut et majestueux, tire son nom d'un mot Papago, l'une des tribus indigènes qui vivent en Arizona. Son nom amérindien, dont la fleur est l'emblème de l'Arizona, offre un habitat protégé aux troglodytes des cactus qui nichent en son centre, à l'abri des prédateurs grâce à ses épines. Ce magique cactus n'est qu'un exemple parmi d'autres, qui se sont adaptés à pousser dans cette zone. L'arrière-cour d'Erickson est agrémentée d'un arbre *Palo Verde* (ci-dessous).

La famille aimait à dire qu'elle possédait le plus grand spécimen de l'État. Le vieil arbre s'est renversé à la suite d'une pluie de mousson. Quand le Palo Verde trônait dans l'arrière-cour, un abri alimentaire était accroché sur l'une des branches. Elle se trouvait assez haute, hors de portée du sol.

Pourtant, Sara Lee, un basset-hound, chien de la famille, n'est pas tout à fait de cet avis…

***

Robert : « Mon père suivait un patient alcoolique qui était tombé d'un chariot, raconte Robert. Il avait perdu son travail et s'était fait virer de son appartement par sa copine. Mon père avait commencé à le voir en consultation. Sa voiture ne fonctionnait plus et il se trouvait dans un état de désespoir.

Le patient : *"Je suis sans abri."*

Erickson : *"Eh bien, tu peux passer la nuit dans le jardin sur le banc ou une chaise à bascule. Et utiliser la salle de bain et les toilettes de la petite maison au besoin."*

Il dormit dehors. Il effectua quelques petits travaux pour Mme Erickson comme tondre la pelouse. Après quatre ou cinq jours, il vint la trouver :

Le patient : *"Je souhaite vous remercier pour votre gentillesse. Vous et votre mari. Je vais mieux et je vais pouvoir rentrer chez moi. Mais je voudrais aussi remercier votre chien."*

Elizabeth : *"Que voulez-vous dire par 'remercier notre chien'?"*

Le patient : *"Il m'a inspiré. Parce que je l'ai vu grimper dans l'arbre."*

Robert marque une pause avant de reprendre :

Elizabeth : "Quel chien? Sara Lee? Mais c'est un basset-hound. Elle possède de trop petites pattes pour escalader un tel arbre. Et vous dites que vous l'avez vu grimper sur le Palo Verde?" »

Robert marqua une pause avant de reprendre :

« Le lendemain, ma mère nous racontait cette anecdote et nous en avons beaucoup ri. Nous nous sommes même demandé si le pauvre homme n'avait pas halluciné. Jusqu'à quelques jours plus tard où l'un d'entre nous a aperçu Sara Lee par la fenêtre qui grimpait à la branche pour atteindre l'abri alimentaire. Une photo a immortalisé l'instant. Sara Lee avait, sans le vouloir, participé à aider cet homme dans sa thérapie. »

Photo présentée par Robert Erickson lors de ma visite au musée, décembre 2022.

Le premier basset-hound de la famille se prénommait Roger. Il vécut de 1956 à 1969. Il a probablement été le chien le plus utilisé comme outil stratégique par le docteur. Même après sa mort, il écrivait encore des histoires et conseils à partir de *The Great Boneyard Up Yonder*[24]. Son nom est si souvent mentionné dans les écrits de mon père qu'il arrive que certains visiteurs posent même la question *« mais Roger, est-ce un humain ? Ou un chien ? »*.

Dans l'un de ces livres, Jeffrey Zweig explique comment Erickson pouvait se servir de Roger en thérapie. Par exemple, Roger écrivait au chien d'un patient, au sujet du cas de son maître. Et il plaçait des métaphores, des suggestions qui s'adressaient en réalité au maître. Roger pouvait donc faire figure *d'homme de paille*[25] *ou plutôt de chien de paille.*

---

24 Le Paradis

25 Personne qui couvre de son nom les actes ou écrits de quelqu'un. En hypnose, on parle d'homme de paille quand le praticien utilise une personne pour en hypnotiser une autre par son intermédiaire.

***

Robert : « Un jour de 1974 ou 1975, alors que je lui rendais visite, ma mère me demanda :

Elizabeth : *«Dis-moi Robert, te souviens-tu de cet étudiant qui avait séjourné dans une pension voisine et qui avait à peu près ton âge ? Vous aviez suivi un cours d'anglais ensemble à l'Université ?*

Robert : *"Oui, très bien. Nous sommes même devenus amis. Il parlait aussi avec Roxie ou Kristi. On le considérait comme un cousin. C'était il y a quelques années déjà. 1968, si je ne me trompe pas."*

Elizabeth : *"Oui, c'est ça. Il est venu nous rendre visite récemment. Il a discuté un long moment avec ton père."*

Robert : *"Ah oui ? Et il n'a pas demandé à me voir ?"*

Elizabeth : *"Non, il a parlé de Roger en revanche."*

Robert, étonné : *"Roger ?"*

Elizabeth : *"Il a d'ailleurs apporté un cadeau."*»

Roger a laissé un souvenir indélébile pour les membres de la famille. Au moment de sa disparition, Erickson utilisa les histoires de White Tummy, la grenouille, pour apaiser la tristesse de ses enfants. Mais il restera aussi dans la mémoire de patients. Et des étudiants ou lecteurs du docteur.

***

Robert : « Alors que je travaillais comme enseignant depuis quelque temps, un jour mon père m'appela à mon bureau et me demanda de passer le voir, enchaîna Robert. Il me montra un dessin.

Erickson : *"Peux-tu fabriquer ça ? C'est un outil pédagogique."*

Robert : *"Si je ne peux pas, je demanderai à mes collègues."*

Je rapportai le dessin à mon lycée. Mes collègues pour un tiers étaient de mon jeune âge. Les deux tiers restants enseignaient depuis plus de vingt ans. Un fossé nous séparait. Je rendis visite au professeur qui tenait le magasin où les étudiants apprenaient à se servir d'outils et à fabriquer des objets.

Robert : *"Saurais-tu le fabriquer ? Je paierai le prix que tu demanderas."*

Le professeur du magasin : *"Pour quelle raison voudrais-tu d'un tel objet ?"*

Robert : *"C'est pour mon père. Il est psychiatre et souhaite s'en servir comme outil pédagogique."*

Le lendemain, il m'apportait l'objet en question. Il ressemblait trait pour trait au dessin.

Robert : *"Merci beaucoup. Combien je te dois ?"*

Le professeur du magasin : *"Rien. Laisse tomber. Mais je ne vois toujours pas à quoi ça pourrait bien servir !"*

Robert : *"Moi non, je répondis en souriant."* »

Robert sourit avant de poursuivre :

« J'ai ensuite rapporté l'objet à mon père qui ne m'a jamais dit à quoi il lui servirait. Voyez, cela ressemble à une scie, mais la lame est constituée d'une chaîne qui ne scie pas. C'est conceptuel. Et ça ne sert vraiment à rien d'autre qu'à attiser la curiosité, je crois. La mienne en premier. »

Il marque une pause avant d'ajouter :

« Quelques années plus tard, après le décès de mon père, plusieurs professeurs m'ont exprimé leurs condoléances. Un jour, l'un d'entre eux vint me voir et me dit simplement *"ton père a sauvé mon mariage."* Ce genre de situations se produisaient régulièrement. Je croisais des collègues, des femmes de collègues, des connaissances. Et à un moment ou à un autre, l'un d'entre eux me parlait de mon père. »

THE BACK DOOR[26] :
VERS D'AUTRES LIEUX

En empruntant cette porte, vous pouvez rejoindre la rue par l'arrière de la maison et vous faufiler dehors. Regardez à gauche. À droite. Que voyez-vous? À quoi ressemble cet accès vers l'extérieur? Qu'entendez-vous? N'est-ce pas l'endroit idéal pour exécuter des tâches pédagogiques sans attirer l'attention? Quelle sera la vôtre? Quand vous refermerez ce livre, quelle action allez-vous réaliser? Qu'est-ce qui vous vient, là, maintenant à l'esprit? Prenez cette pensée, cette idée en compte. Vous plaît-elle?

---

26 La porte de derrière

Si ce n'est pas le cas, laissez votre inconscient la transformer en quelque chose de plus intéressant pour vous. Sans même que vous ayez besoin de continuer à y penser consciemment. Si cette idée vous plaît, laissez-la sortir de votre champ de conscient pour vous replonger dans votre lecture. À l'intérieur, elle va probablement infuser. Peut-être même, évoluer, par association d'idées vers autre chose. Quelque chose qui vous fera du bien. Votre inconscient saura quoi en faire. Et peut-être se transformera-t-elle en une action. Peut-être pas. Et probablement que vous ne vous souviendrez plus d'ici là. La tendance d'Erickson à intégrer la maison, les gens, les enfants, l'environnement permettait de vivre une expérience holistique.

***

Robert se souvient d'une anecdote qui l'a marqué :

« J'étais âgé de douze ans quand j'entrai dans le bureau de mon père. Celui-ci avait l'habitude de recevoir ses patients durant une heure à compter de l'heure pile. La patiente dans son bureau n'était donc arrivée que depuis quinze minutes. En l'observant, j'évaluai qu'elle devait avoir environ dix ans de plus que moi. Elle ne reflétait ni la beauté ni l'indifférence. Une femme dans la moyenne. Cependant, elle dégageait une grande élégance. Ses vêtements étaient probablement trop chics pour une consultation chez le psychiatre. Elle portait des bijoux. Ses cheveux étaient parfaitement coiffés sous son chapeau.

Erickson : *"Bobby, je veux que tu accompagnes Mary par la porte de derrière. Que tu descendes avec elle jusqu'à la troisième avenue, à un quart de miles d'ici. Et quand vous y serez, je veux que la mette dans le taxi qui l'attendra. Ensuite, tu reviendras et tu me raconteras ton excursion avec elle.*

Mary suivit Robert.

Mary : *"Comme le temps est agréable ici, à Phoenix, observa la jeune femme pour entamer la conversation. J'ai même visité le musée d'Art."*

La jeune femme poursuivit la discussion après que Robert ait acquiescé : *"Je suis très heureuse d'avoir fait le chemin depuis la côte est pour voir votre père, vous savez. Il s'est montré gentil, à l'écoute. Je suis ravie de l'avoir consulté, et j'espère bien le revoir."* »

Robert : « Elle poursuivit sa litanie. Plus comme un monologue qui n'attendait pas vraiment de réponse. Elle se posait des questions à voix haute. Ne cessait de passer d'une idée à une autre. Je ne savais pas quoi répondre, alors je restai silencieux, dans une attitude d'écoute. Enfin, nous arrivâmes au niveau d'un taxi qui patientait au coin de la rue. Je lui dis au revoir et rentrai chez moi par le même chemin. Mon père m'interrogea sur le trajet puis demanda :

Erickson : *"Maintenant Bobby, peux-tu aller voir à l'avant de la maison et observer la voiture garée dans la rue ?"* »

Robert : « Je traversai la maison. Franchis la porte d'entrée. Et avançai dans la rue, comme si je me rendais quelque part. En passant devant la voiture, je pris le temps d'examiner tous les détails que je pus. Puis, je fis demi-tour. Je revins à l'avant de la maison. Saisis le tuyau d'arrosage et je commençai à arroser les plantes. Tout en continuant de noter tout ce que je pouvais mentalement. La couleur du véhicule. Les numéros de la plaque d'immatriculation. L'état de sa provenance. Le nombre de passagers à l'intérieur. Leur sexe, tenues, apparence… Avant de rejoindre mon père. »

Bobby : « *Papa, je crois que la femme dans la voiture est la mère de Mary! Elles se ressemblent trait pour trait. J'ai d'abord cru qu'il s'agissait d'elle quand je suis passé devant la voiture. Mais c'était plus logiquement sa mère étant donné qu'elle devait avoir au moins trente ans de plus. Elle portait des vêtements et des bijoux identiques. Et la voiture se trouvait immatriculée dans le Massachusetts.* »

Le docteur remercia son fils pour son excellent sens de l'observation. Et Robert poursuivit ses propres activités.

Robert : «Quelque temps plus tard, Mary revint et devint une patiente régulière. Elle passa beaucoup de temps avec les enfants. Elle joua aux dames avec eux. Leur raconta les histoires d'un enfant imaginaire et son abeille. Elle emmena Roxanna et Kristina au parc. Puis, elle rentra chez elle dans sa famille. Elle resta en contact avec Erickson pendant de nombreuses années et lui envoya même la jolie plante forsythia que l'on peut admirer encore aujourd'hui dans l'arrière-cour. »

Robert poursuit :

«Quand son traitement fut terminé, elle m'offrit cette bague représentant une grenouille comme cadeau d'adieu. Elle a tout de suite plu à ma mère qui a décidé de l'apporter chez le bijoutier pour en faire des copies. Elle a donné un exemplaire à chaque femme, fille, belle-fille et même petite-fille de la famille. Aujourd'hui, c'est devenu une tradition. Et chaque femme qui entre ou naît dans le clan Erickson reçoit son anneau ajustable. »

Robert marque une pause, pensif, avant d'ajouter :

«Quelques années plus tard, alors que je suivais des cours à l'université, j'aidais ma mère avec l'édition des articles de mon père quand je tombais sur celui qui parlait de Mary. Il expliquait qu'elle venait d'une famille très riche de la côte est. Le problème provenait de sa mère qui voulait contrôler la vie de sa fille. Les vêtements qu'elle devait porter. Les études qu'elle devait suivre. Tous les aspects de sa vie dépendaient de sa mère. Quand elle s'est rendue à Phoenix pour une thérapie, la première tâche que mon père lui a donnée consista à prendre un taxi pour s'éloigner de sa famille. Par la suite, elle a déménagé, puis s'est mariée, a obtenu le diplôme universitaire qu'elle voulait… Mais toutes ces possibilités qu'elle s'est créées devaient d'abord passer par une séparation soudaine et brutale de sa famille. Et surtout de sa mère. »

***

Robert poursuit :

« Bien plus tôt, alors que je n'avais que six ans, je me souviens d'un autre patient avec qui j'ai passé du temps. Alors que j'arrivais au bureau de mon père qui m'avait appelé, je découvris un homme, assis, une canne posée à côté de lui. Il se leva à l'aide de sa canne. Il se tenait si vouté qu'il semblait mesurer la même taille que moi.

Erickson : *"Bobby, tu veux bien accompagner M. Cain en promenade ?"*

Je hochai la tête pour dire oui.

Erickson : *"Je veux que vous sortiez par la porte et que vous marchiez jusqu'à Central. Quand vous arriverez au bout de la rue, vous ferez demi-tour et vous reviendrez. Mais pendant que tu marcheras, Bobby, je veux que tu attrapes les branches des arbres qui se trouvent à ta portée. Et M. Cain va t'imiter."* »

Robert explique : « Il rentra chez lui, puis revint au cabinet le lendemain pour une nouvelle promenade. Et ce rituel se poursuivit pendant plusieurs jours. Au fur et à mesure de nos balades, M. Cain commença à se redresser. Centimètre par centimètre. »

Après plusieurs jours de cette promenade, Erickson expliqua : *« Maintenant, je veux que vous alliez jusqu'à la troisième avenue. »*

Robert : « Alors, M. Cain et moi-même adoptâmes ce nouvel itinéraire pendant les jours suivants. Et les jours devinrent des semaines. Et les semaines des mois. »

Puis un jour, le médecin mit fin au rituel.

Robert enchaîne : « J'aperçus M. Cain quelque temps plus tard, et réalisai que celui-ci se tenait tout à fait debout. Son problème était psychologique et non physiologique. »

Robert : « Des années plus tard, j'ai compris pourquoi j'avais tant aimé promener M. Cain. À cet âge-là, pour sortir me balader dans ces endroits, je devais être accompagné d'un grand frère ou d'une grande sœur. Or, avec M. Cain, c'est moi qui me trouvais en position de responsable. J'avais la charge de ce patient. Sans aucun grand frère ou grande sœur. Moi seul. Comme si c'était moi le grand.

Et puis, j'avais agi un peu comme un thérapeute auprès de M. Cain. J'avais participé de manière significative à son rétablissement. Quelle joie ! »

***

Milton Erickson s'est toujours montré très créatif et très observateur dans les tâches qu'il assignait à ses patients. Chacune d'entre elles était personnalisée pour correspondre au besoin du patient. Les règles de la maison dictées aux enfants — ne pas engager la conversation avec les patients — donnaient aux patients la liberté d'échanger ou de rester assis tranquillement. La plupart du temps, ils engageaient la discussion. Certaines des interventions qui impliquaient les membres de la famille, comme celles de la *dame à la bicyclette bleue* ou de M. Cain répondaient directement à la problématique du patient. Erickson assignait aussi régulièrement des tâches liées à l'environnement extérieur. Parmi les lieux qu'il affectionnait, on dénombre : *Encanto Park*[27], *The Phoenix Mountains*[28] où se trouve notamment *Squaw Peak*[29], la bibliothèque ou encore *The Desert Botanical Garden*[30]. Certaines fois, les patients s'y rendaient en compagnie de membres de leur famille, d'autres ils les effectuaient seuls.

***

Photo présentée par Robert Erickson lors de ma visite au musée, décembre 2022.

27 Parc public situé près du domicile du docteur et où se trouve la statue de l'artiste à la main amputée
28 Nom donné à la chaîne de montagnes située à Phoenix
29 Le mont Squaw, aujourd'hui appelé le mont Piestewa
30 Jardin botanique désertique de Phoenix

En chemin vers le sommet de Squaw Peak se trouve un banc sur lequel figure une plaque commémorative de Milton Erickson. Pour monter jusque-là, il suffit de marcher environ 30-40 minutes sur un sentier. Puis, si vous décidez de poursuivre jusqu'au sommet, comptez 1 h 30 en tout. Le lieu est très visité car il est accessible.

Après le décès du docteur, la famille décida d'y disperser ses cendres. Robert fut en charge de l'urne qu'il transporta avec sa femme jusqu'au sommet avant de disperser les cendres.

***

Robert se rappelle une drôle d'histoire concernant le parc des montagnes. Bien que son nom ait été officiellement changé en Piestewa Peak, la famille l'appelle toujours par son nom familier, Squaw Peak.

Robert : « Alors que je participais à un congrès sur le travail de mon père, raconte Robert, un homme vint à ma rencontre. Ayant lu mon nom sur mon badge, il se présenta — Henry — et me demanda si j'étais le fils du célèbre psychiatre. Je le lui confirmais. Il me raconta son histoire.

Henry : *"Je sortis du cabinet du docteur Erickson un peu étonné par la demande du psychiatre. D'ici notre prochaine rencontre, je disposais d'un choix : visiter le Jardin botanique du désert ou grimper jusqu'au sommet de Squaw Peak. J'optai pour le second, cela me permettrait de me dépenser en même temps. Le lendemain, je me levai tôt et me rendis sur place. J'entrepris la montée. Le sentier caillouteux offrait déjà une marche agréable. Entouré de cactus saguaro, de roches composées de schiste, de petits arbustes, je gravissais le mont en profitant de ce moment de communion avec la nature. Arrivé au sommet, je fus émerveillé par le spectacle de cette vue imprenable. D'un côté, la ville s'étendant sur le désert du Sonora. De l'autre, la chaîne de montagnes traçant une ligne d'horizon vert recouvert de cactus poussant sur les pentes et levant les bras au ciel. Alors que je vivais dans la Vallée depuis de nombreuses années, je n'avais jamais pris le temps de réaliser cette randonnée. Je décidai alors d'en faire une routine de week-end. Après plusieurs ascensions, je commençai à remarquer des visages que j'avais déjà croisés. Au bout de quelque temps, tandis que je vidais ma gourde à grandes goulées, j'aperçus à côté de moi un homme qui souriait face à ce spectacle. Je m'arrêtai de boire avant de le saluer."*

Henry : *'belle journée, n'est-ce pas ?'*

Le randonneur : *'Idéale pour admirer ce magnifique décor, oui !'*

Henry : *'Vous venez souvent ? J'ai l'impression de vous avoir déjà croisé sur le chemin.'*

Le randonneur : *'Tous les week-ends. Mais maintenant que vous le dites, je crois bien vous avoir déjà remarqué aussi.'*

Henry : *'C'est fou, si mon psychiatre ne m'avait pas envoyé grimper ici, je n'aurais jamais pu profiter de ce lieu magique.'*

Le randonneur : *'Votre psychiatre, vous dites ?'*

Henry acquiesça.

Le randonneur : *'Il ne s'appellerait pas Milton Erickson par hasard ?'*

Henry écarquilla les yeux : *'Comment le savez-vous ?'*

Le randonneur : *'Figurez-vous que j'ai consulté Milton Erickson et qu'il m'a demandé de grimper jusqu'au sommet aussi. Depuis, j'entreprends l'ascension chaque week-end.'* "

Robert conclut : «Henry n'en revenait pas. Quelle drôle de coïncidence! Ils en rirent avant de se promettre de se rencontrer régulièrement pour admirer le lever de soleil. Cette anecdote devint une blague entre eux. Chaque fois qu'ils s'y retrouvaient, ils observaient les autres randonneurs, se demandant lesquels parmi eux venaient grâce au docteur.»

***

Un autre des lieux légendaires où le docteur aimait envoyer ses patients est le *Desert Botanical Garden.*

Quand vous vous promenez dans les allées de ce jardin, vous pouvez rencontrer des milliers d'espèces de cactus répartis sur cinquante-cinq hectares de culture.

Erickson proposait souvent à ses patients de partir à la recherche du *Boojum* (au centre sur la photo ci-après).

Ce cactus possède une forme particulière. Élancé, son tronc vert qui devient ensuite blanc, son aspect conique, lui a valu le nom espagnol de *Cirio*. Bougie. Il pousse de manière aléatoire et ses curieuses branches effilées lui donnent un aspect buissonnant et drôle, comme une carotte surdimensionnée et touffue se dressant hors du sol.

LE SALON DE L'ENTRÉE :
RETOUR AU PRÉSENT

Après une nuit de rêves où le cerveau synthétise, enregistre, apprend, le conscient change encore d'état pour revenir à un niveau plus ordinaire, si tant est qu'il existe un état plus *ordinaire* que d'autres. Vous remontez à la surface du présent pour revenir dans le salon, même si, comme après une bonne nuit de sommeil, on se sent toujours identique, parce que consciemment on laisse l'inconscient en charge de ce qui a changé pendant cette phase d'apprentissage.

Roxanna nous raccompagne au salon : «Cette visite dans le temps rappelle que de nombreuses années ont passé depuis la mort de mon père. Aujourd'hui, je veux qu'on se souvienne de lui comme d'un homme très intelligent et dévoué. Un homme qui a dédié son existence à la recherche scientifique. L'un de ses objectifs consistait à sortir l'hypnose des ténèbres, et à la transformer en un outil de médecine respectable et scientifiquement fondé. Et il y a réussi. Il se montrait très en avance sur son temps en termes d'enseignement et de conception théorique. En tant que père, mari, collègue, médecin, il a profité de chaque moment de sa vie. Chaque minute. Son but a toujours été de contribuer à la société. De vivre en accord avec ses valeurs. De les honorer et de les transmettre. Dans sa vie professionnelle, à ses confrères ou élèves, et dans sa vie personnelle à nous, ses enfants. Il était intègre et honnête. Il a parfois enfreint les règles, toujours dans le respect de ses valeurs, et pour faire avancer l'hypnose. Il a mis ses compétences au service du monde entier. »

Elle marque une pause. Puis explique :

« Il a toujours su se montrer flexible, adaptable et capable de se dépasser, malgré sa condition physique. Quand j'étais enfant, il marchait avec une canne et il n'est resté que quelques années en fauteuil roulant. La plupart de ses élèves qui ont ensuite transmis son enseignement ne l'ont connu que vers la fin et c'est ce qui a donné l'image de lui en fauteuil. Et même là, son ambition restait intacte. Il a toujours voulu enseigner. C'était une ambition intérieure. Il voulait que d'autres puissent voir ce qu'il avait vu. Malgré son âge, malgré ses limites, il a relevé le défi. Et cela a dû lui demander tellement d'efforts de continuer. Sa créativité était sans limites. Et sa maladie l'a beaucoup affaibli au cours de sa vie. Pourtant, il a su tirer parti de cette déficience. En faire une opportunité d'apprentissage. Par exemple, souffrir de cette maladie lui donnait de la crédibilité pour parler de la gestion de la douleur. Mais il aurait été tout aussi formidable sans elle. »

Robert ajoute : «Et puis, il y a sa capacité d'écoute. Il savait vous montrer les choses d'un autre point de vue. Changer votre perception du monde, d'une situation. Juste en vous écoutant, en vous posant des questions. OK, tu vis cette situation. Comment peux-tu l'interpréter autrement ? Explique-moi cette situation sous un angle différent ? Qu'est-ce que ça change pour toi quand tu regardes avec cette perception-là ?»

Roxanna : «L'un des points importants à retenir est la transmission de l'hypnose. Apprendre, pratiquer, partager, et transmettre. J'ai débuté ma carrière comme infirmière et même si j'ai toujours été fascinée par l'hypnose, je ne m'y suis formée académiquement que tard dans ma vie. Quand j'ai repris mes études, j'avais déjà introduit des outils, des techniques dans ma pratique d'accompagnante, mais je ne m'en servais pas de manière formelle. Aujourd'hui, j'accompagne avec l'hypnose formelle dans ma pratique. Je l'enseigne. Je transmets les connaissances que mon père m'a apprises. Nous apprenons tous à nous adapter au changement. La façon dont l'hypnose s'intègre à la science change aussi. Ma manière de pratiquer est orientée vers le futur, vers la résolution de problèmes. Je ne cherche pas l'origine du problème en accompagnement. L'important, c'est le changement. D'autres collègues issus d'autres orientations prennent à cœur de traiter la racine d'une problématique. Et l'hypnose est un outil qui peut être commun à différentes théories, adapté à ces théories et à leur manière de chercher et d'utiliser l'information. Quand j'enseigne, j'explique aux étudiants que l'hypnose est un art évolutif basé sur des principes scientifiques. Un art parce que cet outil manie le langage, les suggestions. Utiliser les mots pour explorer son intérieur et y trouver des ressources. Des ressources naturelles qui vont permettre aux patients d'adopter une nouvelle perception, de changer leurs comportements, de résoudre leurs problèmes. Une science parce que l'hypnose s'appuie sur des postulats, des recherches et des observations fondées et reconnues. Et je crois qu'il existe une tendance naturelle à s'améliorer, à devenir une meilleure personne. »

Elle continue sur sa lancée :

« Le travail des praticiens est d'apprendre à guider de la façon la plus adaptée les patients à atteindre leurs objectifs et à améliorer leur santé, à atteindre le niveau de vie qu'ils souhaitent, à devenir des personnes autonomes et responsables dans la société. Il s'agit d'apprendre aux patients à se trouver vers leur intériorité. Et aussi de savoir reconnaître quand nous ne sommes pas le bon praticien pour les guider. De savoir alors les orienter vers le bon praticien pour eux. Beaucoup de nouvelles pratiques ont vu le jour depuis le travail de mon père. Certains de ses élèves ont même créé leur propre discipline. Comme Richard Bandler et la PNL. Je n'adhère pas à ses théories et principes. Mon père divergeait avec leur approche de départ. L'enseignement de la PNL est ouvert aux personnes sans qualifications à la place de professionnels de santé. En un sens, c'est un pas en avant. Ils enseignent de nombreux outils efficaces et beaucoup de leurs observations sont justes. En ce qui concerne l'hypnose, il reste des progrès à faire. Les formations et la pratique ne sont pas régulées aux États-Unis. Et beaucoup d'idées fausses circulent encore de nos jours dans le milieu de la thérapie. De nombreuses personnes ne réalisent pas qu'elles ont besoin d'une professionnelle pour les accompagner, et l'aide en question n'est pas toujours disponible. De plus, le système de remboursement des soins n'aide pas. C'est probablement différent en Europe. Mais l'accompagnement en ligne a changé la donne. De nouvelles façons d'accompagner sont apparues. Cela permet d'ouvrir les frontières de la consultation. L'hypnose continue à se développer dans le monde, grâce aussi aux publications sur le sujet qui se multiplient. Et je suis heureuse de participer à écrire sur ma discipline. Grâce à internet, les informations circulent, elles s'échangent, et cela permet de progresser dans notre domaine. »

Robert remarque : « Roxanna est bien placée pour parler d'hypnose dans ce cadre puisqu'elle pratique depuis de nombreuses années en tant que thérapeute. Ce que je retiens en tant qu'observateur non professionnel mais qui a baigné dans ce milieu, c'est la notion de science. L'hypnose est une science et elle doit être traitée comme telle. Je me souviens de mon père quand il faisait monter un sujet sur scène. Imaginez que vous ne soyez pas un professionnel, cela peut être dangereux. L'hypnose ne doit pas être traitée à la légère. »

***

Le jour se lève vers de nouveaux horizons. Se pencher sur le passé permet de mieux préparer l'avenir. Des élèves de Milton Erickson se sont attelés et s'attèlent à poursuivre son œuvre depuis sa mort en mars 1980. Des disciples connus comme d'autres inconnus, qui transmettent son enseignement avec conviction. Avec passion. D'autres se sont détournés de cette méthodologie pour se diriger vers d'autres outils. Certains permettront de faire évoluer l'hypnose. D'autres ne constituent peut-être que des moyens narcissiques d'avoir l'impression de créer quelques nouvelles disciplines. La permissivité est de mise et l'avenir seul dira si ces pratiques trouveront leur place dans l'Histoire.

Interrogée sur les anciens élèves de son père, dignes héritiers de son travail, Roxanna souligne :

«Mon père n'a jamais voulu que ses étudiants conservent une vision statique de son enseignement. Erickson encourageait les étudiants et les collègues à apprendre de lui, puis à intégrer leur propre sagesse dans le contexte de leur propre travail expérimental. La science se développe en continu, en harmonie avec les perceptions culturelles et l'ajustement aux circonstances environnementales changeantes. Voici une liste de quelques-uns des étudiants qui sont venus étudier avec lui, bien qu'en vérité, les étudiants qui ont directement cherché à apprendre de lui se comptent par centaines, voire par milliers. Bien sûr, après sa mort, l'intérêt s'est encore accru, mais je limiterai mes commentaires à ceux qui ont étudié directement avec lui. J'utilise ici l'ordre alphabétique. J'encourage les lecteurs à consulter les principaux ouvrages écrits par ces personnes pour se faire une idée plus complète de la manière dont elles ont intégré leurs propres perspectives. Je pense que le mot «disciple» est un mot amusant à utiliser, mais il semble s'être imposé dans de nombreuses régions et langues. »

LES DISCIPLES DIRECTS

Joe Barber : psychothérapeute ayant également étudié au laboratoire de recherche d'Hilgard, Barber a contribué de manière significative à l'exploration de la méthodologie d'Erickson dans le traitement de la douleur, ainsi que dans d'autres domaines. Son engagement en faveur des fondements scientifiques du travail d'Erickson et d'une meilleure compréhension de la manière dont les expériences sont interprétées a permis de combler un manque de publications pour faire avancer ce travail.

Stephen Gilligan : psychothérapeute engagé dans l'enseignement et l'exploration des profondeurs de l'hypnose, l'apprentissage de Gilligan auprès d'Erickson a fourni une plate-forme qui a continué d'évoluer, de s'étendre et de rayonner dans le monde entier. Son approche expérimentale de l'enseignement imite à bien des égards le lien émotionnel et le sens ressenti qui sont si caractéristiques des approches d'Erickson.

Jay Haley : linguiste, Haley a exercé une grande influence dans la recherche sur la manière dont la suggestion peut être utilisée en psychothérapie. Il a identifié un grand nombre de techniques d'Erickson et leurs effets systémiques sur un sujet dans un contexte plus large. Il a pu décrire et expliquer comment des outils tels que la métaphore, l'intention paradoxale et d'autres techniques plus insaisissables pouvaient avoir un impact significatif sur le processus thérapeutique. Sa fascination pour certaines techniques et approches non conventionnelles a été présentée pour la première fois à un large public dans son livre *Uncommon Therapy*. Erickson destinait ses écrits à un lectorat professionnel, et c'est donc Haley qui a suscité l'intérêt et la notoriété d'Erickson, qui n'a cessé de croître pendant de nombreuses décennies.

Stephen Lankton : auteur, éditeur et psychothérapeute, Lankton a largement contribué à faire progresser la compréhension de l'hypnose professionnelle. Comme Erickson, ses contributions à la *Société américaine d'hypnose clinique* et son rôle de longue date en tant qu'éditeur de l'*American Journal of Clinical Hypnosis*, ont eu un impact notable et profond dans le monde entier.

Herb Lustig : psychiatre, Lustig a reconnu l'impact unique de l'insaisissable Erickson et a cherché à saisir la nature de son travail en amenant une équipe de tournage à Phoenix et en enregistrant une séance thérapeutique. Son film d'enseignement, *The Artistry of Milton H. Erickson MD*, est l'une des contributions archivistiques les plus précieuses qui existent.

Margaret Mead : anthropologue qui a d'abord consulté Erickson pour obtenir son avis sur des enregistrements vidéo qu'elle avait réalisés lors de son travail de terrain sur l'île de Bali. Elle voulait mieux comprendre la relation entre leurs états de conscience modifiés et l'hypnose. Erickson et elle ont tous deux été sollicités pour des explorations de type «*think tank*» pendant la Seconde Guerre mondiale. Au fil des ans, elle a noué une profonde amitié avec tous les membres de la famille, séjournant dans la maison d'Erickson chaque fois que ses voyages le lui permettaient. Erickson et elle ont eu de longues et profondes conversations qui ont été intégrées plus tard dans les explorations du *Mental Research Institute* de Palo Alto (Californie) sur la thérapie systémique et stratégique.

Bill O'Hanlon : étudiant en psychologie à l'époque, O'Hanlon est devenu plus tard un psychothérapeute dont le style amical a permis de populariser l'intérêt pour l'hypnose et l'œuvre d'Erickson. Il a publié un nombre remarquable de petits livres et s'est montré extrêmement compétent dans son travail d'enseignement, qui s'est étendu au monde entier. Il a développé un style appelé aujourd'hui *Thérapie de la Possibilité*. Il incarne ainsi l'encouragement d'Erickson à aller au-delà des bases apprises et à explorer ses propres horizons.

Jane Parsons Fein : assistante sociale clinique qui a rejoint les séminaires d'enseignement d'Erickson dans les dernières années de sa vie. Parsons a enregistré les sessions sur vidéo et cherche à les rendre disponibles comme outils d'enseignement pour les professionnels qui veulent les regarder de première main et étudier les transcriptions. Elle est également l'une des fondatrices de la *New York Society of Ericksonian Hypnosis* et a donné de nombreux cours au niveau local, national et international.

Sidney Rosen : psychiatre de formation psychanalytique, Rosen s'est longuement intéressé à la manière dont Erickson parvenait à obtenir des changements décisifs chez ses clients en un laps de temps très court. Les récits d'enseignement recueillis au cours de ses études avec Erickson, qui ont duré plus d'une décennie, sont présentés dans le livre *My Voice Will Go With You*. Rosen a choisi de ne pas interpréter ni décrire ces récits, mais de laisser le lecteur noter sa propre réaction à l'information.

Ernest Rossi : psychothérapeute possédant une formation en pharmacie, Rossi a exprimé une grande détermination à explorer les profondeurs de l'esprit. Et de la façon dont l'esprit et le corps interagissent et modifient la trajectoire de la santé. Rossi a consacré de nombreuses années de sa vie à étudier Erickson dans son activité et à s'interroger sur les raisons pour lesquelles Erickson s'exprimait de la manière dont il le faisait. Rossi est en grande partie responsable de la profondeur de l'exploration du travail d'Erickson et a pris la responsabilité de veiller à ce que les recherches et les écrits d'Erickson soient préservés pour la postérité. Aujourd'hui, Katharine, la veuve d'Ernest, et moi-même nous consacrons à la numérisation de la collaboration originale entre Rossi et Erickson et la mettons à disposition sur le site Erickson-Rossi.com.

Jeffrey K. Zeig : fondateur et directeur de la *Milton Erickson Foundation* et de *The Evolution of Psychotherapy*, Zeig est également auteur, enseignant et psychothérapeute. Son enseignement international participe à développer un intérêt croissant pour l'œuvre d'Erickson et à faciliter la recherche de sa juste place dans l'histoire de la psychothérapie.

LES COURANTS
INSPIRÉS PAR ERICKSON

Outre l'influence majeure qu'Erickson a eue sur la compréhension et l'utilisation de l'hypnose, son style de travail unique et ses recherches permanentes ont eu un impact substantiel et large sur l'évolution des approches psychothérapeutiques basées sur l'expérience, orientées vers la systémique et orientées vers l'avenir. Voici quelques exemples :

- **E-Hypnose, outil de thérapie** (les nouveaux courants d'hypnose) : La compréhension de l'hypnose a évolué et continuera d'évoluer. Erickson s'est engagé à rechercher la compréhension par le biais de la méthodologie scientifique, même s'il s'est battu contre les points de vue rigides ou les approches structurées. Il existe toujours des controverses sur la nature de l'hypnose, des différends si importants qu'il n'existe pas de définition unique de l'hypnose, même parmi les professionnels les plus dévoués. C'est cette évolution de la compréhension de l'esprit humain et des interconnexions entre le corps et l'esprit qui rend l'étude de l'hypnose si fascinante. En France, on recense par exemple : la nouvelle hypnose, l'hypnose humaniste ou encore l'hypno-analyse.

- **EMDR**[31] : Méthode développée par Francine Shapiro, une psychologue américaine. Francine Shapiro n'a jamais étudié directement avec Erickson, mais elle a reconnu l'influence de ce dernier sur ses idées et a été une fervente partisane de l'intégration des idées d'Erickson et de l'utilisation de l'hypnose dans le processus EMDR. Initialement utilisée pour traiter le syndrome de stress post-traumatique chez les vétérans de la guerre du Vietnam, cette thérapie se concentre sur les souvenirs traumatiques. L'objectif de l'EMDR est de retraiter les expériences qui ont été vécues dans le passé et qui ont entraîné des réactions malsaines. Ainsi que de démêler la charge émotionnelle associée aux expériences antérieures.

- **PNL**[32] de John Grinder et Richard Bandler : Les deux hommes ont étudié avec de nombreux thérapeutes, dont Erickson, Virginia Satir ou encore Fritz Perls. Ils ont modélisé leurs outils et leurs méthodes pour créer une nouvelle discipline, la PNL. L'objectif de cette discipline est d'utiliser les processus acquis du cerveau pour modifier le comportement des patients. Ils se sont démarqués de leur mentor en créant un modèle et des techniques structurées. À bien des égards, ils sont appréciés pour la manière dont ils ont attiré l'attention sur les travaux d'Erickson dans le monde entier.

---

31 Eye Movement Desensitization and Reprocessing (Désensibilisation et Retraitement par les Mouvements Oculaires en français).
32 Programmation Neuro-Linguistique

- **Sophrologie :** inventé par Alfonso Caycedo, originaire de Barcelone, ce terme désigne en grec ancien l'étude de l'harmonisation de la conscience. Le principe est d'utiliser des techniques de visualisation (une forme de transe légère) et de relaxation corporelle pour agir sur le corps et l'esprit. Elle active le potentiel de la personne. Erickson et Caycedo étaient en communication, comparant et opposant leurs idées de manière très constructive.

- **Thérapie brève centrée sur la solution de Steve de Shazer :** Bien que Steve de Shazer n'ait jamais étudié directement avec Erickson, il reconnaît que celui-ci l'a profondément influencé dans sa propre conceptualisation des approches centrées sur la solution. Cette approche propose de se concentrer sur la solution plutôt que sur le problème. Elle met l'accent sur le processus de changement et prescrit des tâches pour aider le patient à développer les ressources qui lui permettront d'accéder à la solution.

- **Thérapie brève systémique et stratégique :** étudiée en grande partie au *Mental Research Institute* de Palo Alto en Californie, cette approche a été largement développée par Gregory Bateson, John Weakland et Paul Watzlawick. Le groupe original a travaillé avec des personnalités telles qu'Erickson et Margaret Mead, explorant le concept selon lequel l'homme n'est qu'un élément d'un système plus vaste. Une série de livres sur le changement a permis d'exposer une conception différente de la manière dont le changement peut se produire au sein de l'individu. Ils ont décrit les symptômes invalidants rencontrés par les patients comme étant le résultat de leurs tentatives à trouver des solutions à leurs symptômes. Le terme «système» prend en compte non seulement la famille, mais aussi le reste de l'environnement de la personne (travail, maison, culture, etc.). Cette thérapie est également qualifiée de stratégique, car les thérapeutes, comme Erickson, utilisent des tâches prescrites pour aider le patient à sortir de ses tentatives de solutions dysfonctionnelles. En fonction de ce dont le patient a besoin pour avancer, les tâches peuvent être de différentes natures : ouverture, attaque, défense ou consolidation. À cet aspect systémique et stratégique issu des travaux d'Erickson, s'ajoutent l'axe présent-futur, le changement par étapes et la personnalisation. Le Centre de Palo Alto est resté un centre d'enseignement jusqu'en 2019. Leur influence sur la thérapie reste emblématique.

- **Thérapies humanistes :** approche centrée sur la personne, développée par Carl Rogers, un contemporain d'Erickson. Bien qu'ils n'aient pas collaboré et qu'aucun des deux n'ait revendiqué l'influence de l'autre, ils respectaient chacun le travail de l'autre. Les approches de ces deux auteurs présentent de nombreux points communs. Le principe de la thérapie humaniste est de permettre aux patients de réduire leurs symptômes et d'atteindre leur plein potentiel. Comme Erickson, cette approche développe une vision naturaliste, où chaque personne possède les ressources pour trouver ses propres solutions.

- **Thérapie provocatrice :** Approche développée par Franck Farrelly qui utilise la provocation pour amener le patient à réagir et à changer. Il s'agit d'une forme de recadrage, un outil précédemment utilisé et développé par Erickson, puis amplifié par les études de la PNL. Farrelly a eu une large influence en étendant l'appréciation de la multitude de façons dont l'engagement émotionnel et la confrontation peuvent faciliter la guérison.

COURRIER À ENVOYER :
RETOUR VERS UN FUTUR HYPNOTIQUE

Devant la maison, vous pouvez imaginer le message que vous auriez envie de transmettre concernant cette lecture, ce que vous avez retenu. Praticien ou curieux, chacun peut repartir de Phoenix avec sa vision, sa nouvelle perception après ce voyage dans le temps, et l'espace hypnotiques. Quelles impressions vous laisse cette discipline ? Ce psychiatre ? Cet homme ? Ce père ? Prenez le temps de vous le formuler. Puis, glissez-les dans la boîte aux lettres du 1201 E. Hayward Avenue. Ou emportez-les avec vous…

AUJOURD'HUI ?

Débarque aussi une nouvelle génération, celle qui n'a pas étudié auprès du *Sage de Phoenix*, mais de ses disciples.

Roxanna : «Il est intéressant de constater que l'hypnose semble se développer plus rapidement dans d'autres pays qu'aux États-Unis. Et cet intérêt croissant s'accompagne d'un intérêt pour le travail d'Erickson. Aujourd'hui, la France est l'un des pays les plus favorables à l'hypnose, à l'étude de l'hypnose, et il y a un groupe avec lequel j'ai travaillé un certain nombre de fois. Mes collègues Thierry Servillat et Bernadette Audrain de Nantes, contribuent à l'exploration du travail de mon père et à son héritage d'une manière efficace. De même, le Japon, l'Espagne et le Mexique ont également mis en place des programmes solides pour l'étude des approches ericksoniennes. »

Depuis quelques années, elle voit aussi son image évoluer vers une reconnaissance de son efficacité. Elle se pratique en hôpital, en psychothérapie, se développe aussi dans d'autres champs. Et il est également important de vivre avec son temps. De vivre au présent avec toutes les innovations qui affluent.

Roxanna Erickson accompagne avec les outils de l'hypnose appris de son père, mais elle a également ajouté d'autres méthodes issues des observations de sa propre pratique. À l'époque, son père recevait souvent des patients à domicile qui restaient plusieurs jours ou semaines à vivre parmi eux dans la maison des invités. En y repensant aujourd'hui, la thérapeute qu'elle est devenue n'aurait probablement pas séparé des adolescents de leurs parents pendant de si longues périodes. De nos jours, l'information est plus disponible grâce à internet. Et nos connaissances du cerveau n'ont cessé d'évoluer. Notamment grâce aux découvertes dans le domaine des neurosciences. Roxanna utilise la psychopédagogie pour expliquer à ses patients les fonctionnements et dysfonctionnements cognitifs pour faciliter son travail avec eux. Pour les aider à dépasser certaines croyances limitantes sur l'hypnose et la manière dont elle agit. De nouveaux outils peuvent enrichir l'accompagnement en hypnose pour la rendre encore plus efficace.

L'hypnose serait-elle en bonne voie pour conquérir le monde ?

ET DEMAIN?

À l'époque d'Erickson, l'hypnose sortait à peine de l'obscurité et a gagné son statut de science grâce à lui. Puis, les enfants Erickson l'ont observée devenir un outil réservé aux professionnels de santé. En l'état actuel de nos connaissances, elle continue d'évoluer et de se développer. Son ascension ces dernières années a vu naître de nombreux praticiens. Ne sommes-nous pas à un tournant de cette discipline? Si hier comme aujourd'hui sa pratique médicale doit rester aux mains des professionnels de ce milieu, d'autres formes d'hypnose ne peuvent-elles pas passer dans d'autres secteurs?

Roxanna: «Le monde a changé. Aujourd'hui, je pense que ce serait rendre service au monde que de laisser l'hypnose s'ouvrir à d'autres professions. Elle peut s'avérer un outil puissant pour le dépassement de soi. »

Et pourquoi ne pas, dans un cadre éthique où les praticiens seraient convenablement formés à l'hypnose, ouvrir à d'autres champs? Depuis quelques années, l'hypnose se développe dans le domaine du développement personnel, permettant ainsi de travailler sur des problématiques non médicales comme la confiance en soi, la gestion du stress ou des émotions, la prise de parole en public... Mais sa diffusion en dehors des strates médicales ne s'arrête pas là.

Le domaine sportif et de la préparation mentale utilisent désormais l'hypnose pour aider les sportifs de haut niveau à se dépasser, repousser les limites de leur corps, leurs performances, leurs résultats. En travaillant sur des problématiques liées à des croyances limitantes, la motivation, la peur... ou encore sur la capacité de résistance du corps, l'esprit de compétition, la douleur... L'hypnose s'avère un outil de performance puissant.

Dans le domaine des arts, comme la musique, la peinture ou l'écriture, elle offre des possibilités quant au processus de création, de créativité. Erickson avait déjà lui-même travaillé avec des artistes. Il avait par exemple aidé un musicien à gagner du temps en répétant des partitions dans un état de transe où il hallucinait son entraînement sur de courtes durées grâce à la technique de distorsion du temps. Imaginez, vous êtes artiste et vous souhaitez vous entraîner sans perdre de temps sur votre journée. Imaginez-vous posséder la capacité d'entrer en état d'hypnose en quelques secondes, en quelques minutes, et vous entraîner en hallucinant une session créative qui, pour vous, équivaudra à une heure, quand en réalité il ne se sera écoulé que quelques secondes ou minutes? Imaginez que votre cerveau, dans cet état, réagisse comme si vous aviez vraiment passé une heure à vous entraîner et que les résultats prouvent que vous vous êtes amélioré sur cette partition et dans votre manière de jouer. De peindre. D'écrire. De danser…

Et pourquoi ne pas aller encore plus loin dans l'expérience? Augmenter la concentration durant une session de yoga? Exacerber les sens durant un concert ou une dégustation de vin? Décupler l'imagination pendant une lecture ou le visionnage d'un film?

Et vous, comment imaginez-vous l'hypnose de demain?

LÀ OÙ COMMENCE
LE PÈLERINAGE ERICKSONIEN
(Note de l'autrice)

En visite à Phoenix pour un pèlerinage ericksonien, je franchissais en mars 2022 la porte de la maison du *1201 E. Hayward Avenue*, à Phoenix, Arizona. J'ai parcouru un long chemin pour venir de France. Transformée en musée et gérée par la fondation Erickson, la maison de Milton H. Erickson est figée dans le temps depuis sa mort le 25 mars 1980. Devant la porte, un homme me tendit la main pour m'inviter à entrer. Robert Erickson. L'un des fils du docteur. J'écarquillai les yeux. Je me présentai à mon tour dans un anglais bégayant. Je sentis mon visage s'empourprer. Jamais je n'aurais imaginé que notre guide pour l'occasion pourrait être un membre de sa famille. L'émotion, en tant que *fidèle disciple* de la méthode ericksonienne, s'amplifia à chaque anecdote racontée par Robert, à chaque porte franchie, à chaque objet présenté. Une part de moi visitait une maison historique comme un touriste dans un musée, ravi de déambuler dans les vestiges d'une époque révolue. L'autre part, troublée par cette entrée dans l'intimité d'un modèle, d'un mentor, ne cessait de s'émerveiller. De ressentir cette impression d'accéder à un trésor précieux.

En repartant, je ne pensais qu'à une chose. Partager, partager, et encore partager. Partager ce voyage au grand public qui ne connaît que peu son œuvre, sa contribution au milieu thérapeutique. Partager ce voyage à ceux qui utilisent ses outils dans leur pratique, à ceux qui apprennent de lui pour aider, contribuer à un monde meilleur, et qui n'auront pas tous la possibilité de se rendre à Phoenix pour vivre ce moment hors du temps. À vous, disciple, amateur d'hypnose ou simple curieux qui découvrez ce livre, à vous, je veux partager, en toute modestie, cette chance d'entrer dans son histoire pour, peut-être participer à transmettre son héritage.

***

Ce livre a été réalisé en accord avec deux des enfants de Milton H. Erickson, Robert Erickson et Roxanna-Erickson-Klein. Ainsi que la *Milton H. Erickson Foundation*[33] située à Phoenix, dont Roxanna Erickson-Klein siège au conseil d'administration. Le matériel utilisé est issu en partie des archives de l'institut et de la famille. Mais également de ma visite de la *Erickson Historic Residence*[34], située au 1201 E. Hayward Ave, Phoenix, AZ 85020. Je suis propriétaire des photos non référencées dans le texte ou en note de bas de page[35]. Les anecdotes et entretiens ont été effectués auprès de Robert Erickson et Roxanna Erickson-Klein, enfants de Milton H. Erickson. Les épreuves et maquettes ont été relues, corrigées, et approuvées par Roxanna Erickson-Klein. Merci à eux pour leur bienveillance, leur temps et leur aide précieuse. Je vous suis infiniment reconnaissante.

---

33 Institut Milton H. Erickson dirigé notamment par Roxanna Erickson-Klein.
34 Maison historique des Erickson qui est également la dernière demeure du docteur.
35 Excepté pour les photos suivantes : Celles fournies par Roxanna Erickson-Klein dont l'origine est mentionnée en légende des photos. Celles présentées par Robert Erickson lors de ma visite du musée dont l'origine est également notée en légende sous les photos.

REMERCIEMENTS

Alors que mon pèlerinage ericksonien touche à sa fin, une douce nostalgie presque enfantine me saisit. Celle de dire au revoir à un compagnon de route précieux qui m'a accompagnée durant ces derniers mois. Celle de déjà regretter tous les moments magiques que ce projet fou m'a permis de vivre. Deux voyages dans le Sud-ouest américain et ses incroyables paysages, deux rencontres inimaginables quelques années en arrière. Merci à mon mari qui m'a accompagnée tout au long de cette route et qui poursuit ce formidable chemin avec moi, sans jamais se plaindre. Merci à Robert Erickson pour les deux visites dans l'intimité de sa maison familiale, pour son temps et son intérêt. Merci à Roxanna Erickson-Klein d'avoir pris le temps de me lire, me corriger, participer à ce projet. Et pour nos échanges passionnants, par e-mail comme en Visio. Merci à Yan pour sa confiance. Merci de croire en moi. J'espère me montrer à la hauteur ici, et pour demain. Merci aux éditions Rêve lucide de participer à faire connaître l'hypnose sous toutes ses facettes. Merci à l'A.R.C.H.E et à Kevin Finel de former tant de personnes d'une si belle façon. Merci au docteur Milton H. Erickson d'avoir inspiré ce livre. Et surtout de m'inspirer au quotidien, dans ma vie personnelle comme professionnelle. Merci d'avoir œuvré à développer l'hypnose. Merci également à toutes les personnes qui, de près ou de loin, ont contribué à la naissance de cet ouvrage. Enfin, merci à vous qui avez pris le temps de me lire. Le temps et l'attention représentent les cadeaux les plus précieux.

BIBLIOGRAPHIE

La bibliographie ci-dessous est constituée d'une sélection d'ouvrages de/avec/sur le docteur Milton H. Erickson. Elle s'adresse à ceux qui souhaiteraient développer leurs connaissances de son travail, de sa vie.

- Barber Joseph (2008), *L'hypnose ericksonienne dans la prise en charge de la douleur chronique*, Revue Douleurs : *Evaluation — Diagnostic — Traitement*, Volume 9, Issue 2, April 2008, pages 65-70

- Erickson Betty Alice, Keeney Bradford (2006), *Le Dr Milton H ; Erickson, médecin et guérisseur américain*, Éditions SATAS (2008)

- Erickson M.H, Rosen Sidney (1998), *Ma voix t'accompagnera : Milton H. Erickson raconte*, Éditions Hommes et Groupes

- Erickson, M.H (1980 a), *La nature de l'hypnose et de la suggestion : L'intégrale des articles de M.H Erickson, Tome I* (édité par E.L Rossi), éditions SATAS

- Erickson, M.H (1980 b), *Altération par l'hypnose des processus sensoriels, perceptifs et psychophysiologiques : L'intégrale des articles de M.H Erickson, Tome II* (édité par E.L Rossi), éditions SATAS

- Erickson, M.H (1980 c), *Étude par l'hypnose des processus psychodynamiques : L'intégrale des articles de M.H Erickson, Tome III* (édité par E.L Rossi), éditions SATAS

- Erickson, M.H (1980 d), *Innovations en hypnothérapie : L'intégrale des articles de M.H Erickson, Tome IV* (édité par E.L Rossi), éditions SATAS

- Gilligan Stephen (2018), *Therapeutic trances : the cooperation principle in Ericksonian hypnotherapy*, Routledge mental health classic editions

- Gilligan Stephen (2003), *The legacy of Milton H. Erickson*, Zeig, Tucker & Co, US

- Haley Jay (1973), *Un thérapeute hors du commun*, Éditions Desclée de Brouwer (2007)

- Havanes, Ronald A (2015), *La sagesse de Milton H. Erickson*, Éditions SATAS

- Lankton Stephen (2004), *Assembling Ericksonian Therapy : the collected papers of Stephen Lankton*, Zeig Tucker & Co, US

- Lankton Stephen (2008), *The answer within : a clinical of Ericksonian hypnotherapy,* Crown house publishing

- O'Hanlon Bill (2021), *Taproots aux racines de la thérapie et de l'hypnose de Milton Erickson,* Éditions Satas

- Rossi, Ernest L (1989), *L'homme de février,* Éditions SATAS (2002)

- Rossi Ernest L (2017), *L'hypnose thérapeutique : quatre conférences,* ESF Éditeur

- Servillat Thierry, Erickson-Klein Roxanna, Becchio Jean, Bioy Antoine (2018), *Transes n° 1 : La conscience,* Éditions Dunod

- Zeig, Jeffrey K (1980), *Un séminaire avec Milton H. Erickson,* Éditions SATAS (1997)

- Zeig Jeffrey K, Geary Brent B (2000), *Les lettres de Milton H. Erickson,* Éditions SATAS (2005)

- Zeig Jeffrey K (1985), *La technique Erickson,* Éditions Hommes & Groupes Éditeurs

Printed in Great Britain
by Amazon

30570489R10077